Hans H. Ørberg

LINGVA LATINA

PER SE ILLVSTRATA

Grammatica
Latina

focus an imprint of
Hackett Publishing Company, Inc.
Indianapolis/Cambridge

LINGVA LATINA
PER SE ILLVSTRATA

Pars I:

Familia Romana (978-1-58510-420-8); hardcover (978-1-58510-423-9)
Latine Disco: Student's Manual (978-1-58510-050-7)
Grammatica Latina (978-1-58510-223-5)
Exercitia Latina I (978-1-58510-212-9)
Latin-English Vocabulary (978-1-58510-049-1)
Lingva Latina: Familia Romana CD-ROM for PC (978-1-58510-454-3)
Exercitia Latina I CD-ROM for PC (978-87-90696-10-8)

Pars II:

Roma Aeterna (978-1-58510-233-4); hardcover (978-1-58510-314-0)
Exercitia Latina II (978-1-58510-067-5)
Indices (978-87-99701-69-8)
Instructions for Part II (978-1-58510-055-2)
Latin-English Vocabulary (978-1-58510-052-1)
Lingva Latina: Roma Aeterna CD-ROM For PC (978-87-90696-09-2)
Exercitia Latina II CD-ROM for PC (978-87-90696-12-2)

Ancillaries:

CD-ROM for Mac, contains Familia Romana, Roma Aeterna, Exercitia Latina I & II (978-87-90696-13-9)
Caesaris: Commentarii De Bello Gallico (978-1-58510-232-7)
Colloqvia Personarvm (978-1-58510-156-6)
Epitome Historae Sacrae (978-1-58510-425-3)
Menaechmi ex Plavti Comoedia (978-1-58510-051-4)
Ovidii Nasonis: Ars Amatoria (978-87-90696-18-4)
P. Vergilii Maronis: Aeneis, Libros I et IV (978-87-90696-17-7)
Petronivs: Cena Trimalchionis (978-1-58510-234-1)
Plavtus: Amphitryo (978-1-58510-194-8)
Sallustius & Cicero: Catilina (978-87-90696-11-5)
Sermones Romani (978-87-90696-07-8)

For College Students:
Lingva Latina: A College Companion (978-1-58510-191-7)

For further information on the complete series and new titles,
visit www.hackettpublishing.com.

Copyright © 2006 Hans Ørberg

ISBN 13: 978-1-58510-223-5

Distributed by Hackett Publishing Co. by agreement with Domus Latina.

Previously published by Focus Publishing/R. Pullins Company

𝒻ocus an imprint of
Hackett Publishing Company, Inc.
P.O. Box 44937
Indianapolis, Indiana 46244-0937

www.hackettpublishing.com

Printed in the United States of America

22 21 20 19 18   10 11 12 13 14

INDEX CAPITVLORVM

Nomina declinare et verba in primis pueri sciant,
neque enim aliter pervenire ad intellectum
sequentium possunt.

QVINTILIANVS, *Institutio oratoria* I.4.22

PARTES ORATIONIS

1 Partēs ōrātiōnis hae sunt:

[1] **Nōmen**, ut *Mārcus, Rōma, puer, oppidum leō, aqua, color, pugna, mors, Rōmānus, bonus, pulcher, brevis,* cēt.

[2] **Prōnōmen**, ut *tū, nōs, is, hic, ille, quis, quī, nēmō,* cēt.

[3] **Verbum**, ut *amāre, habēre, venīre, emere, īre, esse,* cēt.

[4] **Adverbium**, ut *bene, rēctē, fortiter, ita, nōn, hīc,* cēt.

[5] **Coniūnctiō**, ut *et, neque, sed, aut, quia, dum, sī, ut,* cēt.

[6] **Praepositiō**, ut *in, ab, ad, post, inter, sine, dē,* cēt.

[7] **Interiectiō**, ut *ō, ei, heu, heus, ecce,* cēt.

Nōmen est aut **substantīvum**, ut *Mārcus, fīlius, mōns, aqua, diēs,* aut **adiectīvum**, ut *magnus, bonus, niger, levis*. **Numerāle** dīcitur nōmen quō numerus significātur, ut *trēs, tertius, ternī*.

Adverbia, coniūnctiōnēs, praepositiōnēs, interiectiōnēs sunt partēs ōrātiōnis indēclīnābilēs (**particulae** quae dīcuntur).

partēs ōrātiōnis:
nōmina
prōnōmina
verba
adverbia
coniūnctiōnēs
praepositiōnēs
interiectiōnēs

substantīva
adiectīva
numerālia (cardinālia,
ōrdinālia, distribūtīva)

particulae

NOMINA

2 **Genus, numerus, cāsus**

Genera nōminum sunt tria: **masculīnum**, ut *servus*, **fēminīnum**, ut *ancilla*, **neutrum**, ut *oppidum*.

Numerī nōminum sunt duo: **singulāris**, ut *servus*, **plūrālis**, ut *servī*. Nōmina quibus deest singulāris **plūrālia tantum** dīcuntur.

Cāsūs nōminum sunt sex: **nōminātīvus**, ut *servus*, **accūsātīvus**, ut *servum*, **genetīvus**, ut *servī*, **datīvus**, ut *servō*, **ablātīvus**, ut *(ā) servō*, **vocātīvus**, ut *serve*.

genera: masc. (m.)
fēm. (f.)
neutr. (n.)
numerī: sing.
plūr.
cāsūs: nōm.
acc.
gen.
dat.
abl.
voc.

Thema et terminātiō

Thema dīcitur ea nōminis pars quae nōn mūtātur in dēclīnātiōne, ut *serv-, ancill-, oppid-, magn-, brev-*.

Litterae quae in nōmine dēclīnandō ad thema adiciuntur, ut *-um, -ī, -am, -ae, -ō, -ēs, -ibus,* **terminātiōnēs** dīcuntur.

In exemplīs huius librī thema ā terminātiōne dīviditur tenuī līneā [|], ut *serv|us, serv|ī*.

thema -atis *n*
terminātiō -ōnis *f*

themata: serv-, ancill-,
oppid-, cēt.
terminātiōnēs: -um, -ī,
-am, -ae, cēt.

Dēclīnātiōnēs

Dēclīnātiōnēs nōminum sunt quīnque:

[1] Dēclīnātiō **prīma**: gen. sing. -ae, ut *īnsul|a -ae*.

[2] Dēclīnātiō **secunda**: gen. sing. -ī, ut *serv|us -ī, oppid|um -ī*.

[3] Dēclīnātiō **tertia**: gen. sing. -is, ut *sōl sōl|is, urb|s -is*.

[4] Dēclīnātiō **quārta**: gen. sing. -ūs, ut *man|us -ūs*.

[5] Dēclīnātiō **quīnta**: gen. sing. -ēī/-eī, ut *di|ēs -ēī, r|ēs -eī*.

dēclīnātiō -ōnis *f*
(dēcl.)
I. gen. -ae
II. gen. -ī
III. gen. -is
IV. gen. -ūs
V. gen. -ēī/-eī

5

NOMINA SVBSTANTIVA

Dēclīnātiō prīma   3
Genetīvus: sing. *-ae,* plūr. *-ārum.*

Exemplum: *īnsul|a -ae* f.

		sing.	plūr.
-a	*-ae*	nōm.	*īnsul|a*	*īnsul|ae*
-am	*-ās*	acc.	*īnsul|am*	*īnsul|ās*
-ae	*-ārum*	gen.	*īnsul|ae*	*īnsul|ārum*
-ae	*-īs*	dat.	*īnsul|ae*	*īnsul|īs*
-ā	*-īs*	abl.	*īnsul|ā*	*īnsul|īs*

Dēclīnātiō secunda   4
Genetīvus: sing. *-ī,* plūr. *-ōrum.*

1. Nōmina masculīna
Exempla: *equ|us -ī, liber libr|ī, puer puer|ī.*

		sing.	plūr.	sing.	plūr.	sing.	plūr.
-us/-	*-ī*	nōm.	*equ|us*	*equ|ī*	*liber*	*libr|ī*	*puer*	*puer|ī*
-um	*-ōs*	acc.	*equ|um*	*equ|ōs*	*libr|um*	*libr|ōs*	*puer|um*	*puer|ōs*
-ī	*-ōrum*	gen.	*equ|ī*	*equ|ōrum*	*libr|ī*	*libr|ōrum*	*puer|ī*	*puer|ōrum*
-ō	*-īs*	dat.	*equ|ō*	*equ|īs*	*libr|ō*	*libr|īs*	*puer|ō*	*puer|īs*
-ō	*-īs*	abl.	*equ|ō*	*equ|īs*	*libr|ō*	*libr|īs*	*puer|ō*	*puer|īs*
-e		voc.	*equ|e*					

Fēmenīna sunt paucissima, ut *hum|us -ī, papȳr|us -ī, Aegypt|us -ī. Rhod|us -ī.*
Nōm. sing. *-ius,* voc. *-ī: fīlius, fīlī! Iūlius, Iūlī!*

2. Nōmina neutra.
Exemplum: *verb|um -ī.*

		sing.	plūr.
-um	*-a*	nōm.	*verb|um*	*verb|a*
-um	*-a*	acc.	*verb|um*	*verb|a*
-ī	*-ōrum*	gen.	*verb|ī*	*verb|ōrum*
-ō	*-īs*	dat.	*verb|ō*	*verb|īs*
-ō	*-īs*	abl.	*verb|ō*	*verb|īs*

Dēclīnātiō tertia   5
Genetīvus: sing. *-is,* plūr. *-um/-ium.*

[A] Genetīvus plūrālis: *-um.*
1. Nōmina masculīna et fēminīna.
Exempla: *sōl sōl|is* m., *leō leōn|is* m., *vōx vōc|is* f.

		sing.	plūr.	sing.	plūr.	sing.	plūr.
-/-s	*-ēs*	nōm.	*sōl*	*sōl|ēs*	*leō*	*leōn|ēs*	*vōx*	*vōc|ēs*
-em	*-ēs*	acc.	*sōl|em*	*sōl|ēs*	*leōn|em*	*leōn|ēs*	*vōc|em*	*vōc|ēs*
-is	*-um*	gen.	*sōl|is*	*sōl|um*	*leōn|is*	*leōn|um*	*vōc|is*	*vōc|um*
-ī	*-ibus*	dat.	*sōl|ī*	*sōl|ibus*	*leōn|ī*	*leōn|ibus*	*vōc|ī*	*vōc|ibus*
-e	*-ibus*	abl.	*sōl|e*	*sōl|ibus*	*leōn|e*	*leōn|ibus*	*vōc|e*	*vōc|ibus*

-er -r|is   [1] Nōm. *-er,* gen. *-r|is: pater patr|is* m., *māter mātr|is* f.
-or -ōr|is   [2] Nōm. *-or,* gen. *-ōr|is: pāstor -ōr|is* m.
-ōs -ōr|is   [3] Nōm. *-ōs,* gen. *-ōr|is: flōs flōr|is* m.
-ō -in|is   [4] Nōm. *-ō,* gen. *-in|is: virgō -in|is* f., *homō -in|is* m.
-x -g|is   [5] Nōm. *-x,* gen. *-g|is: lēx lēg|is* f., *rēx rēg|is* m.
-ex -ic|is   [6] Nōm. *-ex,* gen. *-ic|is: index -ic|is* m.

---

[7] Nōm. *-s*, gen. *-t|is: aetās -āt|is* f., *mīles -it|is* m.

[8] Nōm. *-s*, gen. *-d|is: laus laud|is* f., *pēs ped|is* m.

[9] Nōmina anōmala: *sanguis -in|is* m.; *coniūnx -iug|is* m./f.; *senex sen|is* m.; *bōs bov|is* m./f., pl. *bov|ēs boum*, dat./abl. *bōbus/būbus*.

-s -t|is
-s -d|is
anōmalus -a -um = quī
exemplīs nōn convenit

2. Nōmina neutra.

Exempla: *ōs ōr|is*, **corpus** *corpor|is*, **opus** *-er|is*, **nōmen** *nōmin|is*.

	sing.	plūr.	sing.	plūr.		
nōm.	*ōs*	*ōr|a*	*corpus*	*corpor|a*	-	*-a*
acc.	*ōs*	*ōr|a*	*corpus*	*corpor|a*	-	*-a*
gen.	*ōr|is*	*ōr|um*	*corpor|is*	*corpor|um*	*-is*	*-um*
dat.	*ōr|ī*	*ōr|ibus*	*corpor|ī*	*corpor|ibus*	*-ī*	*-ibus*
abl.	*ōr|e*	*ōr|ibus*	*corpor|e*	*corpor|ibus*	*-e*	*-ibus*
nōm.	*opus*	*oper|a*	*nōmen*	*nōmin|a*		
acc.	*opus*	*oper|a*	*nōmen*	*nōmin|a*		
gen.	*oper|is*	*oper|um*	*nōmin|is*	*nōmin|um*		
dat.	*oper|ī*	*oper|ibus*	*nōmin|ī*	*nōmin|ibus*		
abl.	*oper|e*	*oper|ibus*	*nōmin|e*	*nōmin|ibus*		

Nōmina anōmala: *cor cord|is; caput capit|is; lac lact|is; os oss|is* (gen. pl. *-ium); mel mell|is; iter itiner|is; vās vās|is*, pl. *vās|a -ōrum* (dēcl. II); *thema -at|is*.

-ma -mat|is

6 [B] Genetīvus plūrālis: *-ium*.

1. Nōmina masculīna et fēminīna.

Exempla: **nāv|is** *-is* f., **urb|s** *-is* f., **mōns** *mont|is* m.

	sing.	plūr.	sing.	plūr.	sing.	plūr.		
nōm.	*nāv|is*	*nāv|ēs*	*urb|s*	*urb|ēs*	*mōns*	*mont|ēs*	*-(i)s*	*-ēs*
acc.	*nāv|em*	*nāv|ēs*	*urb|em*	*urb|ēs*	*mont|em*	*mont|ēs*	*-em*	*-ēs*
gen.	*nāv|is*	*nāv|ium*	*urb|is*	*urb|ium*	*mont|is*	*mont|ium*	*-is*	*-ium*
dat.	*nāv|ī*	*nāv|ibus*	*urb|ī*	*urb|ibus*	*mont|ī*	*mont|ibus*	*-ī*	*-ibus*
abl.	*nāv|e*	*nāv|ibus*	*urb|e*	*urb|ibus*	*mont|e*	*mont|ibus*	*-e*	*-ibus*

[1] Nōm. *-is*, acc. *-im* (pl. *-īs*), abl. *-ī: pupp|is -is* f., *Tiber|is -is* m.

[2] Nōm. *-ēs*, gen. *-is: nūb|ēs -is* f.

[3] Nōm. *-x*, gen. *-c|is: falx falc|is* f.

[4] Nōmina anōmala: *nox noct|is* f.; *nix niv|is* f.; *carō carn|is* f.; *as ass|is* m.; *vīs*, acc. *vim*, abl. *vī*, pl. *vīr|ēs -ium* f.

-is, acc. *-im*, abl. *-ī*
-ēs -is
-x -c|is

2. Nōmina neutra.

Exempla: **mar|e** *-is*, **animal** *-āl|is*.

	sing.	plūr.	sing.	plūr.		
nōm.	*mar|e*	*mar|ia*	*animal*	*animāl\ia*	*-e/-*	*-ia*
acc.	*mar|e*	*mar|ia*	*animal*	*animāl\ia*	*-e/-*	*-ia*
gen.	*mar|is*	*mar|ium*	*animāl\is*	*animāl\ium*	*-is*	*-ium*
dat.	*mar|ī*	*mar|ibus*	*animāl\ī*	*animāl\ibus*	*-ī*	*-ibus*
abl.	*mar|ī*	*mar|ibus*	*animāl\ī*	*animāl\ibus*	*-ī*	*-ibus*

7 **Dēclīnātiō quārta**

Genetīvus: sing. *-ūs*, plūr. *-uum*.

Exempla: **port|us** *-ūs* m., **corn|ū** *-ūs* n.

	sing.	plūr.	sing.	plūr.				
nōm.	*port|us*	*port|ūs*	*corn|ū*	*corn|ua*	*-us*	*-ūs*	*-ū*	*-ua*
acc.	*port|um*	*port|ūs*	*corn|ū*	*corn|ua*	*-um*	*-ūs*	*-ū*	*-ua*
gen.	*port|ūs*	*port|uum*	*corn|ūs*	*corn|uum*	*-ūs*	*-uum*	*-ūs*	*-uum*
dat.	*port|uī*	*port|ibus*	*corn|ū*	*corn|ibus*	*-uī*	*-ibus*	*-ū*	*-ibus*
abl.	*port|ū*	*port|ibus*	*corn|ū*	*corn|ibus*	*-ū*	*-ibus*	*-ū*	*-ibus*

dom|us -ūs f., abl. *-ō*, pl. *dom|ūs -ōrum (-uum)*, acc. *-ōs*.

7

Dēclīnātiō quīnta   8

Genetīvus: sing. -ēī/-eī, plūr. -ērum.

Exempla: *di|ēs -ēī* m. (f.), *rēs reī* f.

	sing.	plūr.	sing.	plūr.
nōm.	di|ēs	di|ēs	rēs	rēs
acc.	di|em	di|ēs	rem	rēs
gen.	di|ēī	di|ērum	reī	rērum
dat.	di|ēī	di|ēbus	reī	rēbus
abl.	di|ē	di|ēbus	rē	rēbus

Margin:
-ēs	-ēs
-em	-ēs
-ēī/-eī	-ērum
-ēī/-eī	-ēbus
-ē	-ēbus

NOMINA ADIECTIVA   9

Dēclīnātiō prīma et secunda

[A] Genetīvus singulāris -ī -ae -ī.

Exemplum: **bon|us** *-a -um.*

	singulāris			plūrālis		
	masc.	fēm.	neutr.	masc.	fēm.	neutr.
nōm.	bon|us	bon|a	bon|um	bon|ī	bon|ae	bon|a
acc.	bon|um	bon|am	bon|um	bon|ōs	bon|ās	bon|a
gen.	bon|ī	bon|ae	bon|ī	bon|ōrum	bon|ārum	bon|ōrum
dat.	bon|ō	bon|ae	bon|ō	bon|īs	bon|īs	bon|īs
abl.	bon|ō	bon|ā	bon|ō	bon|īs	bon|īs	bon|īs
voc.	bon|e					

Exempla: **niger** *-gr|a -gr|um,* **līber** *-er|a -er|um*

	sing. masc.	fēm.	neutr.	masc.	fēm.	neutr.
nōm.	niger	nigr|a	nigr|um	līber	līber|a	līber|um
acc.	nigr|um	nigr|am	nigr|um	līber|um	līber|am	līber|um

cēt. (ut suprā, sed voc. = nōm. -er)

[B] Genetīvus singulāris -īus.

Exemplum: **sōl|us** *-a -um,* gen. -īus, dat. -ī.

		masc.	fēm.	neutr.	
sing.	nōm.	sōl|us	sōl|a	sōl|um	plūr. (ut bon|ī -ae -a)
	acc.	sōl|um	sōl|am	sōl|um	
	gen.	sōl|īus	sōl|īus	sōl|īus	
	dat.	sōl|ī	sōl|ī	sōl|ī	
	abl.	sōl|ō	sōl|ā	sōl|ō	

Margin [A]:
-us	-a	-um
-um	-am	-um
-ī	-ae	-ī
-ō	-ae	-ō
-ō	-ā	-ō
-ī	-ae	-a
-ōs	-ās	-a
-ōrum	-ārum	-ōrum
-īs	-īs	-īs
-īs	-īs	-īs
-er	-(e)r|a	-(e)r|um

Margin [B]:
-us	-a	-um
-um	-am	-um
-īus	-īus	-īus
-ī	-ī	-ī
-ō	-ā	-ō

Dēclīnātiō tertia   10

[A] Genetīvus plūrālis -ium (abl. sing. -ī).

Exemplum: **brev|is** *-e.*

	singulāris		plūrālis	
	masc./fēm.	neutr.	masc./fēm.	neutr.
nōm.	brev|is	brev|e	brev|ēs	brev|ia
acc.	brev|em	brev|e	brev|ēs	brev|ia
gen.	brev|is	brev|is	brev|ium	brev|ium
dat.	brev|ī	brev|ī	brev|ibus	brev|ibus
abl.	brev|ī	brev|ī	brev|ibus	brev|ibus

Exempla: **ācer** *ācr|is ācr|e,* **celer** *-er|is -er|e*

	sing. masc.	fēm.	neutr.	masc.	fēm.	neutr.
nōm.	ācer	ācr|is	ācr|e	celer	celer|is	celer|e
acc.	ācr|em	ācr|e		celer|em	celer|e	

cēt. (ut suprā)   cēt. (ut suprā)

Margin:
-is	-e	-ēs	-ia
-em	-e	-ēs	-ia
-is	-is	-ium	-ium
-ī	-ī	-ibus	-ibus
-ī	-ī	-ibus	-ibus
-er	-(e)r|is	-(e)r|e	
-(e)r|em	-(e)r|e		

Exempla: *fēlīx*, gen. *-īc|is; ingēns*, gen. *-ent|is.*

		masc./fēm.	neutr.	masc./fēm.	neutr.		
sing.	nōm.	*fēlīx*	*fēlīx*	*ingēns*	*ingēns*	*-s*	*-s*
	acc.	*fēlīc|em*	*fēlīx*	*ingent|em*	*ingēns*	*-em*	*-s*
	gen.	*fēlīc|is*	*fēlīc|is*	*ingent|is*	*ingent|is*	*-is*	*-is*
		cēt. (ut suprā)		cēt. (ut suprā)			

[B] Genetīvus plūrālis *-um* (abl. sing. *-e*).
Exempla: *prior prius*, gen. *priōr|is; vetus*, gen. *veter|is.*

		masc./fēm.	neutr.	masc./fēm.	neutr.		
sing.	nōm.	*prior*	*prius*	*vetus*	*vetus*	-	-
	acc.	*priōr|em*	*prius*	*veter|em*	*vetus*	*-em*	-
	gen.	*priōr|is*	*priōr|is*	*veter|is*	*veter|is*	*-is*	*-is*
	dat.	*priōr|ī*	*priōr|ī*	*veter|ī*	*veter|ī*	*-ī*	*-ī*
	abl.	*priōr|e*	*priōr|e*	*veter|e*	*veter|e*	*-e*	*-e*
plūr.	nōm.	*priōr|ēs*	*priōr|a*	*veter|ēs*	*veter|a*	*-ēs*	*-a*
	acc.	*priōr|ēs*	*priōr|a*	*veter|ēs*	*veter|a*	*-ēs*	*-a*
	gen.	*priōr|um*	*priōr|um*	*veter|um*	*veter|um*	*-ium*	*-ium*
	dat.	*priōr|ibus*	*priōr|ibus*	*veter|ibus*	*veter|ibus*	*-ibus*	*-ibus*
	abl.	*priōr|ibus*	*priōr|ibus*	*veter|ibus*	*veter|ibus*	*-ibus*	*-ibus*

Item *pauper* (m./f.), gen. *-er|is; dīves*, gen. *dīvit|is.*

11 Comparātiō

Gradūs comparātiōnis sunt trēs: **positīvus**, ut *longus*, **comparātī-vus**, ut *longior*, **superlātīvus**, ut *longissimus*.
Comparātīvus dēsinit in *-ior* et dēclīnātur ut *prior*. Superlātīvus dēsinit in *-issim|us (-im|us)* et dēclīnātur ut *bon|us.*

gradūs:
positīvus (pos.)
comparātīvus (comp.)
superlātīvus (sup.)

[A] Superlātīvus *-issim|us.*
pos. *long|us -a -um   brev|is -e   fēlīx -īc|is*
comp. *long|ior -ius -iōr|is brev|ior -ius -iōr|is fēlīc|ior -ius -iōr|is*
sup. *long|issim|us -a -um brev|issim|us -a -um fēlīc|issim|us -a -um*

-us -a -um / -(i)s (-e)
-ior -ius -iōr|is
-issim|us -a -um

[B] Superlātīvus *-rim|us, -lim|us.*
pos. *piger -gr|a -gr|um celer -er|is -er|e   facil|is -e*
comp. *pigr|ior -ius -iōr|is celer|ior -ius -iōr|is facil|ior -ius -iōr|is*
sup. *piger|rim|us -a -um celer|rim|us -a -um facil|lim|us -a -um*

-er   -il|is
-(e)rior   -ilior
-errim|us   -illim|us

[C] Comparātiō anōmala.

positīvus	comparātīvus	superlātīvus
bon|us -a -um	*melior -ius -iōr|is*	*optim|us -a -um*
mal|us -a -um	*pēior -ius -iōr|is*	*pessim|us -a -um*
magn|us -a -um	*māior -ius -iōr|is*	*māxim|us -a -um*
parv|us -a -um	*minor minus -ōr|is*	*minim|us -a -um*
mult|um -ī	*plūs plūr|is*	*plūrim|um -ī*
mult|ī -ae -a	*plūr|ēs -a -ium*	*plūrim|ī -ae -a*
(īnfrā) īnfer|us	*īnferior -ius -iōr|is*	*īnfim|us/īm|us -a -um*
(suprā) super|us	*superior -ius -iōr|is*	*suprēm|us/summ|us -a -um*
(intrā)	*interior -ius -iōr|is*	*intim|us -a -um*
(extrā)	*exterior -ius -iōr|is*	*extrēm|us -a -um*
(citrā)	*citerior -ius -iōr|is*	*citim|us -a -um*
(ultrā)	*ulterior -ius -iōr|is*	*ultim|us -a -um*
(prae)	*prior -ius -iōr|is*	*prīm|us -a -um*
(post)	*posterior -ius -iōr|is*	*postrēm|us -a -um*
(prope)	*propior -ius -iōr|is*	*proxim|us -a -um*
vetus -er|is	*vetustior -ius -iōr|is*	*veterrim|us -a -um*

ADIECTIVA ET ADVERBIA   12

-ē

Adiectīva dēclīnātiōnis I /II faciunt adverbia dēsinentia in -ē, ut
rēct|us > rēct|ē.

-iter

Adiectīva dēclīnātiōnis III faciunt adverbia dēsinentia in *iter*, ut
fort|is > fort|iter.

-ius
-issimē

Comparātīvus adverbiī dēsinit in *-ius* (= neutrum adiectīvī), ut
rēct|ius, superlātīvus in *-issimē (-imē)*, ut *rēct|issimē.*

Adiectīvum dēcl.	Adverbium pos.	comp.	sup.
I /II *rēct|us -a -um*	*rēctē*	*rēctius*	*rēctissimē*
pulcher -chr|a -um	*pulchrē*	*pulchrius*	*pulcherrimē*
miser -er|a -er|um	*miserē*	*miserius*	*miserrimē*
III *fort|is -e*	*fortiter*	*fortius*	*fortissimē*
ācer ācr|is ācr|e	*ācriter*	*ācrius*	*ācerrimē*
celer -er|is -er|e	*celeriter*	*celerius*	*celerrimē*
fēlīx	*fēlīciter*	*fēlīcius*	*fēlīcissimē*

-nter < -ntiter

Nōm. sing. *-ns*, adverbium *-nter: prūdēns -ent|is*, adv. *prūdenter.*

-ō

Quaedam adiectīva dēclīnātiōnis I/II faciunt adverbia dēsinentia in
-ō, ut *certō, falsō, necessāriō, rārō, subitō, tūtō, prīmō, postrēmō*
(adiectīva: *cert|us, fals|us, necessāri|us*, cēt.).

Adverbia anōmala: *bene < bon|us, male < mal|us, valdē < valid|us,
facile < facil|is, difficulter < difficil|is, audācter < audāx.*

13 NOMINA NVMERALIA

Cardinālia	Ōrdinālia	Distribūtīva		
ūn|us -a -um	prīm|us -a -um	singul|ī -ae -a	I	1
du|o -ae -o	secund|us	bīn|ī	II	2
tr|ēs -ia	terti|us	tern|ī (trīn|ī)	III	3
quattuor	quārt|us	quatern|ī	IV	4
quīnque	quīnt|us	quīn|ī	V	5
sex	sext|us	sēn|ī	VI	6
septem	septim|us	septēn|ī	VII	7
octō	octāv|us	octōn|ī	VIII	8
novem	nōn|us	novēn|ī	IX	9
decem	decim|us	dēn|ī	X	10
ūn-decim	ūn-decim|us	ūn-dēn|ī	XI	11
duo-decim	duo-decim|us	duo-dēn|ī	XII	12
trē-decim	terti|us decim|us	tern|ī dēn|ī	XIII	13
quattuor-decim	quārt|us decim|us	quatern|ī dēn|ī	XIV	14
quīn-decim	quīnt|us decim|us	quīn|ī dēn|ī	XV	15
sē-decim	sext|us decim|us	sēn|ī dēn|ī	XVI	16
septen-decim	septim|us decim|us	septēn|ī dēn|ī	XVII	17
duo-dē-vīgintī	duo-dē-vīcēsim|us	duo-dē-vīcēn|ī	XVIII	18
ūn-dē-vīgintī	ūn-dē-vīcēsim|us	ūn-dē-vīcēn|ī	XIX	19
vīgintī	vīcēsim|us	vīcēn|ī	XX	20
vīgintī ūn|us	vīcēsim|us prīm|us	vīcēn|ī singul|ī	XXI	21
/ūn|us et vīgintī	/ūn|us et vīcēsim|us	/singul|ī et vīcēn|ī		
trīgintā	trīcēsim|us	trīcēn|ī	XXX	30
quadrāgintā	quadrāgēsim|us	quadrāgēn|ī	XL	40
quīnquāgintā	quīnquāgēsim|us	quīnquāgēn|ī	L	50
sexāgintā	sexāgēsim|us	sexāgēn|ī	LX	60
septuāgintā	septuāgēsim|us	septuāgēn|ī	LXX	70
octōgintā	octōgēsim|us	octōgēn|ī	LXXX	80
nōnāgintā	nōnāgēsim|us	nōnāgēn|ī	XC	90
centum	centēsim|us	centēn|ī	C	100
ducent|ī -ae -a	ducentēsim|us	ducēn|ī	CC	200
trecent|ī	trecentēsim|us	trecēn|ī	CCC	300
quadringent|ī	quadringentēsim|us	quadringēn|ī	CCCC	400
quīngent|ī	quīngentēsim|us	quīngēn|ī	D	500
sescent|ī	sescentēsim|us	sescēn|ī	DC	600
septingent|ī	septingentēsim|us	septingēn|ī	DCC	700
octingent|ī	octingentēsim|us	octingēn|ī	DCCC	800
nōngent|ī	nōngentēsim|us	nōngēn|ī	DCCCC	900
mīlle	mīllēsim|us	singula mīlia	M	1000
duo mīlia	bis mīllēsim|us	bīna mīlia	MM	2000

[1] ūn\|us -a -um dēclīnātur ut sōl\|us: gen. -īus, dat. -ī.

[2] du\|o -ae -o et tr\|ēs -ia dēclīnantur sīc:

	masc.	fēm.	neutr.	masc./fēm.	neutr.
nōm.	du|o	du|ae	du|o	tr|ēs	tr|ia
acc.	du|ōs/o	du|ās	du|o	tr|ēs	tr|ia
gen.	du|ōrum	du|ārum	du|ōrum	tr|ium	tr|ium
dat.	du|ōbus	du|ābus	du|ōbus	tr|ibus	tr|ibus
abl.	du|ōbus	du|ābus	du|ōbus	tr|ibus	tr|ibus

[3] mīl\|ia -ium (n. pl.) dēclīnātur ut mar\|ia (dēcl. III).

PRONOMINA

Prōnōmina persōnālia   14

	Persōna prīma		Persōna secunda	
	sing.	plūr.	sing.	plūr.
nōm.	ego	nōs	tū	vōs
acc.	mē	nōs	tē	vōs
dat.	mihi	nōbīs	tibi	vōbīs
abl.	mē	nōbīs	tē	vōbīs

gen. partitīvus:
nostrum, vestrum

mī = mihi

Persōna tertia (et prōnōmen dēmōnstrātīvum)

	singulāris			plūrālis			prōnōmen
	masc.	fēm.	neutr.	masc.	fēm.	neutr.	reflexīvum
nōm.	i|s	e|a	i|d	i|ī	e|ae	e|a	
acc.	e|um	e|am	i|d	e|ōs	e|ās	e|a	sē
gen.	e|ius	e|ius	e|ius	e|ōrum	e|ārum	e|ōrum	
dat.	e|ī	e|ī	e|ī	i|īs	i|īs	i|īs	sibi
abl.	e|ō	e|ā	e|ō	i|īs	i|īs	i|īs	sē

e|ī = i|ī

sēsē = sē

e|īs =i|īs

Prōnōmina possessīva

	singulāris	plūrālis
pers. 1	me|us -a -um	noster -tr|a -tr|um
pers. 2	tu|us -a -um	vester -tr|a -tr|um
pers. 3	su|us -a -um (reflexīvum)	

me|us, voc. sing. *mī*

eius, eōrum, eārum
(gen. prōn. *is*)

Prōnōmina dēmōnstrātīva   15

[1]		singulāris			plūrālis		
		masc.	fēm.	neutr.	masc.	fēm.	neutr.
	nōm.	hic	haec	hoc	hī	hae	haec
	acc.	hunc	hanc	hoc	hōs	hās	haec
	gen.	huius	huius	huius	hōrum	hārum	hōrum
	dat.	huic	huic	huic	hīs	hīs	hīs
	abl.	hōc	hāc	hōc	hīs	hīs	hīs

[2]	nōm.	ill|e	ill|a	ill|ud	ill|ī	ill|ae	ill|a
	acc.	ill|um	ill|am	ill|ud	ill|ōs	ill|ās	ill|a
	gen.	ill|īus	ill|īus	ill|īus	ill|ōrum	ill|ārum	ill|ōrum
	dat.	ill|ī	ill|ī	ill|ī	ill|īs	ill|īs	ill|īs
	abl.	ill|ō	ill|ā	ill|ō	ill|īs	ill|īs	ill|īs

[3] ist|e -a -ud dēclīnātur ut ill|e -a -ud.

[4] ips|e -a -um dēclīnātur ut ill|e praeter neutrum sing. ips|um.

[5] is ea id, dēmōnstrātīvum et persōnāle: vidē suprā!

[6] ī-dem ea-dem idem (< is ea id + -dem):

	singulāris			plūrālis		
	masc.	fēm.	neutr.	masc.	fēm.	neutr.
nōm.	īdem	eadem	idem	iīdem	eaedem	eadem
acc.	eundem	eandem	idem	eōsdem	eāsdem	eadem
gen.	eiusdem	eiusdem	eiusdem	eōrundem	eārundem	eōrundem
dat.	eīdem	eīdem	eīdem	iīsdem	iīsdem	iīsdem
abl.	eōdem	eādem	eōdem	iīsdem	iīsdem	iīsdem

īdem < is-dem
-n-dem < -m-dem
eīdem = iīdem
eīsdem = iīsdem

16 Prōnōmina interrogātīva

[1] *quis quae quid* (subst.); *quī/quis... quae... quod...* (adi.).

	singulāris			plūrālis		
	masc.	fēm.	neutr.	masc.	fēm.	neutr.
nōm.	*quis/quī*	*quae*	*quid/quod*	*quī*	*quae*	*quae*
acc.	*quem*	*quam*	*quid/quod*	*quōs*	*quās*	*quae*
gen.	*cuius*	*cuius*	*cuius*	*quōrum*	*quārum*	*quōrum*
dat.	*cui*	*cui*	*cui*	*quibus*	*quibus*	*quibus*
abl.	*quō*	*quā*	*quō*	*quibus*	*quibus*	*quibus*

quid subst.
quī, quod adi.
quis, quae subst. et adi.

[2] *uter utr|a utr|um*, gen. *utr|īus*, dat. *utr|ī* (ut *sōl|us* praeter *ut<u>er</u>*).

Prōnōmen relātīvum

[1] *quī quae quod*

	singulāris			plūrālis		
	masc.	fēm.	neutr.	masc.	fēm.	neutr.
nōm.	*quī*	*quae*	*quod*	*quī*	*quae*	*quae*
acc.	*quem*	*quam*	*quod*	*quōs*	*quās*	*quae*
gen.	*cuius*	*cuius*	*cuius*	*quōrum*	*quārum*	*quōrum*
dat.	*cui*	*cui*	*cui*	*quibus*	*quibus*	*quibus*
abl.	*quō*	*quā*	*quō*	*quibus*	*quibus*	*quibus*

[2] *quī- quae- quod-cumque* (indēfīnītum relātīvum) = *quis-quis quid-quid/quic-quid* (subst. indēcl.).

17 Prōnōmina indēfīnīta

[1] *nēmō*, acc. *nēmin|em*, dat. *nēmin|ī*.

nēmō < ne- + homō

[2] *nihil*, neutrum indēclīnābile.

nīl = nihil

[3] *ūll|us -a -um* et *nūll|us -a -um* dēclīnantur ut *sōl|us*.

[4] *neuter -tr|a -tr|um* et *uter-que utr|a-que utr|um-que* dēclīnantur ut *uter:* gen. *neutr|īus, utr|īus-que*.

neuter < ne- + uter

[5] *alter -er|a -er|um*, gen. *-er|īus*, dat. *-er|ī*.

[6] *ali|us -a -ud*, dat. *ali|ī* (gen. *alter|īus*).

Ut *quis/quī* dēclīnantur haec:

[7] *ali-quis/-quī -qu<u>a</u> -quid/-quod* et (*sī, nisi, nē, num*) *quis/quī qu<u>a</u> quid/quod*.

n. pl. *(ali-)qu<u>a</u>*

[8] *quis-quam quid-quam/quic-quam*.

[9] *quī-dam quae-dam quid-dam/quod-dam*, acc. sing. m. *que<u>n</u>-dam*, f. *qua<u>n</u>-dam*, gen. plūr. m./n. *quōru<u>n</u>-dam*, f. *quāru<u>n</u>-dam*.

-<u>n</u>-dam < -<u>m</u>-dam

[10] *quis-que quae-que quid-que/quod-que*.

[11] *quī- quae- quid-/quod-vīs* = *quī- quae- quid-/quod-libet*.

VERBA

Genus et modus

18

genera. act.
pass.

Genera verbōrum sunt duo: **āctīvum**, ut *amat,* **passīvum**, ut *amātur.* Verba quibus deest genus āctīvum (praeter participia et gerundium), ut *cōnārī, loquī,* **dēpōnentia** dīcuntur.

modī: īnf. ind.
imp. coni.

Modī verbōrum sunt quattuor: **īnfīnītīvus**, ut *amāre,* **imperātīvus**, ut *amā,* **indicātīvus**, ut *amat,* **coniūnctīvus**, ut *amet.*

tempora: praes.
imperf.
fut.
perf.
plūsqu.
fut. perf.

Tempus, numerus, persōna

Tempora verbī sunt sex: **praesēns**, ut *amat,* **futūrum**, ut *amābit,* **praeteritum imperfectum**, ut *amābat,* **praeteritum perfectum**, ut *amāvit,* **praeteritum plūsquamperfectum**, ut *amāverat,* **futūrum perfectum**, ut *amāverit.*

numerī: sing.
plūr.

Numerī verbōrum sunt duo: **singulāris**, ut *amat,* **plūrālis**, ut *amant.*

persōnae: 1
2
3

Persōnae verbōrum sunt trēs: **prīma**, ut *amō,* **secunda**, ut *amās,* **tertia**, ut *amat.* Verba quibus dēsunt persōnae (praeter tertiam singulāris), ut *licēre, pudēre,* **impersōnālia** dīcuntur.

Coniugātiōnēs

Coniugātiōnēs verbōrum sunt quattuor:

coniugātiōnēs:
[1] -āre/-ārī
[2] -ēre/-ērī
[3] -ere/-ī
[4] -īre/-īrī

[1] Coniugātiō **prīma**: īnf. -*āre,* -*ārī* ut *amāre, cōnārī.*

[2] Coniugātiō **secunda**: īnf. -*ēre,* -*ērī* ut *monēre, verērī.*

[3] Coniugātiō **tertia**: īnf. -*ere,* -*ī* ut *legere, ūtī.*

[4] Coniugātiō **quārta**: īnf. -*īre,* -*īrī* ut *audīre, partīrī.*

Themata

Themata verbōrum sunt tria:

themata:
thema praesentis [-]
thema perfectī [~]
thema supīnī [≈]

[1] Thema **praesentis**, ut *amā-, monē-, leg-, audī-.*

[2] Thema **perfectī**, ut *amāv-, monu-, lēg-, audīv-.*

[3] Thema **supīnī**, ut *amāt-, monit-, lēct-, audīt-.*

Terminātiōnēs persōnālēs

post cōnsonantem
-ō -imus -or -imur
-is -itis -eris -iminī
-it -unt -itur -untur

[1]	Āctīvum		Passīvum	
	sing.	plūr.	sing.	plūr.
pers. 1	-m/-ō	-mus	-r/-or	-mur
pers. 2	-s	-tis	-ris	-minī
pers. 3	-t	-nt	-tur	-ntur

[2] Terminātiōnēs perfectī indicātīvī āctīvī:

	sing.	plūr.
pers. 1	~ī	~imus
pers. 2	~istī	~istis
pers. 3	~it	~ērunt (~ēre)

19 Coniugātiō verbōrum

[A] Āctīvum

Īnfīnītīvus

praesēns   [1, 2, 4]   [3]

[1] *amā|re*   [2] *monē|re*   [3] *leg|ere*   [4] *audī|re*   -re   -ere

perfectum

amāv|isse   *monu|isse*   *lēg|isse*   *audīv|isse*   -isse

futūrum

amāt|ūr|um esse   *monit|ūr|um esse*   *lēct|ūr|um esse*   *audīt|ūr|um esse*   ≈ūr|us -a -um esse

Indicātīvus

praesēns				[1, 2, 4]	[3]
sing.1 *am|ō*	*mone|ō*	*leg|ō*	*audi|ō*	-ō	-ō
2 *amā|s*	*monē|s*	*leg|is*	*audī|s*	-s	-is
3 *ama|t*	*mone|t*	*leg|it*	*audi|t*	-t	-it
plūr.1 *amā|mus*	*monē|mus*	*leg|imus*	*audī|mus*	-mus	-imus
2 *amā|tis*	*monē|tis*	*leg|itis*	*audī|itis*	-tis	-itis
3 *ama|nt*	*mone|nt*	*leg|unt*	*audi|unt*	-(u)nt	-unt

imperfectum				[1, 2]	[3, 4]
sing.1 *amā|ba|m*	*monē|ba|m*	*leg|ēba|m*	*audi|ēba|m*	-ba|m	-ēba|m
2 *amā|bā|s*	*monē|bā|s*	*leg|ēbā|s*	*audi|ēbā|s*	-bā|s	-ēbā|s
3 *amā|ba|t*	*monē|ba|t*	*leg|ēba|t*	*audi|ēba|t*	-ba|t	-ēba|t
plūr.1 *amā|bā|mus*	*monē|bā|mus*	*leg|ēbā|mus*	*audi|ēbā|mus*	-bā|mus	-ēbā|mus
2 *amā|bā|tis*	*monē|bā|tis*	*leg|ēbā|tis*	*audi|ēbā|tis*	-bā|tis	-ēbā|tis
3 *amā|ba|nt*	*monē|ba|nt*	*leg|ēba|nt*	*audi|ēba|nt*	-ba|nt	-ēba|nt

futūrum				[1, 2]	[3, 4]
sing.1 *amā|b|ō*	*monē|b|ō*	*leg|a|m*	*audi|a|m*	-b|ō	-a|m
2 *amā|b|is*	*monē|b|is*	*leg|ē|s*	*audi|ē|s*	-b|is	-ē|s
3 *amā|b|it*	*monē|b|it*	*leg|e|t*	*audi|e|t*	-b|it	-e|t
plūr.1 *amā|b|imus*	*monē|b|imus*	*leg|ē|mus*	*audi|ē|mus*	-b|imus	-ē|mus
2 *amā|b|itis*	*monē|b|itis*	*leg|ē|tis*	*audi|ē|tis*	-b|itis	-ē|tis
3 *amā|b|unt*	*monē|b|unt*	*leg|e|nt*	*audi|e|nt*	-b|unt	-e|nt

perfectum					
sing.1 *amāv|ī*	*monu|ī*	*lēg|ī*	*audīv|ī*	-ī	
2 *amāv|istī*	*monu|istī*	*lēg|istī*	*audīv|istī*	-istī	
3 *amāv|it*	*monu|it*	*lēg|it*	*audīv|it*	-it	
plūr.1 *amāv|imus*	*monu|imus*	*lēg|imus*	*audīv|imus*	-imus	
2 *amāv|istis*	*monu|istis*	*lēg|istis*	*audīv|istis*	-istis	
3 *amāv|ērunt*	*monu|ērunt*	*lēg|ērunt*	*audīv|ērunt*	-ērunt	

plūsquamperfectum					
sing.1 *amāv|era|m*	*monu|era|m*	*lēg|era|m*	*audīv|era|m*	-era|m	
2 *amāv|erā|s*	*monu|erā|s*	*lēg|erā|s*	*audīv|erā|s*	-erā|s	
3 *amāv|era|t*	*monu|era|t*	*lēg|era|t*	*audīv|era|t*	-era|t	
plūr.1 *amāv|erā|mus*	*monu|erā|mus*	*lēg|erā|mus*	*audīv|erā|mus*	-erā|mus	
2 *amāv|erā|tis*	*monu|erā|tis*	*lēg|erā|tis*	*audīv|erā|tis*	-erā|tis	
3 *amāv|era|nt*	*monu|era|nt*	*lēg|era|nt*	*audīv|era|nt*	-era|nt	

futūrum perfectum					
sing.1 *amāv|er|ō*	*monu|er|ō*	*lēg|er|ō*	*audīv|er|ō*	-er|ō	
2 *amāv|eri|s*	*monu|eri|s*	*lēg|eri|s*	*audīv|eri|s*	-eri|s	
3 *amāv|eri|t*	*monu|eri|t*	*lēg|eri|t*	*audīv|eri|t*	-eri|t	
plūr.1 *amāv|eri|mus*	*monu|eri|mus*	*lēg|eri|mus*	*audīv|eri|mus*	-eri|mus	
2 *amāv|eri|tis*	*monu|eri|tis*	*lēg|eri|tis*	*audīv|eri|tis*	-eri|tis	
3 *amāv|eri|nt*	*monu|eri|nt*	*lēg|eri|nt*	*audīv|eri|nt*	-eri|nt	

Coniūnctīvus

praesēns

[1]	[2, 3, 4]				
(-)e|m	-a|m	sing.1	am|e|m	mone|a|m	leg|a|m	audi|a|m
(-)ē|s	-ā|s	2	am|ē|s	mone|ā|s	leg|ā|s	audi|ā|s
(-)e|t	-a|t	3	am|e|t	mone|a|t	leg|a|t	audi|a|t
(-)ē|mus	-ā|mus	plūr.1	am|ē|mus	mone|ā|mus	leg|ā|mus	uudi|ā|mus
(-)ē|tis	-ā|tis	2	am|ē|tis	mone|ā|tis	leg|ā|tis	audi|ā|tis
(-)e|nt	-a|nt	3	am|e|nt	mone|a|nt	leg|a|nt	audi|a|nt

imperfectum

[1, 2, 4]	[3]				
-re|m	-ere|m	sing.1	amā|re|m	monē|re|m	leg|ere|m	audī|re|m
-rē|s	-erē|s	2	amā|rē|s	monē|rē|s	leg|erē|s	audī|rē|s
-re|t	-cre|t	3	amā|re|t	monē|re|t	leg|ere|t	audī|re|t
-rē|mus	-erē|mus	plūr.1	amā|rē|mus	monē|rē|mus	leg|erē|mus	audī|rē|mus
-rē|tis	-erē|tis	2	amā|rē|tis	monē|rē|tis	leg|erē|tis	audī|rē|tis
-re|nt	-ere|nt	3	amā|re|nt	monē|re|nt	leg|ere|nt	audī|re|nt

perfectum

~eri|m	sing.1	amāv|eri|m	monu|eri|m	lēg|eri|m	audīv|eri|m
~eri|s	2	amāv|eri|s	monu|eri|s	lēg|eri|s	audīv|eri|s
~eri|t	3	amāv|eri|t	monu|eri|t	lēg|eri|t	audīv|eri|t
~eri|mus	plūr.1	amāv|eri|mus	monu|eri|mus	lēg|eri|mus	audīv|eri|mus
~eri|tis	2	amāv|eri|tis	monu|eri|tis	lēg|eri|tis	audīv|eri|tis
~eri|nt	3	amāv|eri|nt	monu|eri|nt	lēg|eri|nt	audīv|eri|nt

plūsquamperfectum

~isse|m	sing.1	amāv|isse|m	monu|isse|m	lēg|isse|m	audīv|isse|m
~issē|s	2	amāv|issē|s	monu|issē|s	lēg|issē|s	audīv|issē|s
~isse|t	3	amāv|isse|t	monu|isse|t	lēg|isse|t	audīv|isse|t
~issē|mus	plūr.1	amāv|issē|mus	monu|issē|mus	lēg|issē|mus	audīv|issē|mus
~issē|tis	2	amāv|issē|tis	monu|issē|tis	lēg|issē|tis	audīv|issē|tis
~isse|nt	3	amāv|isse|nt	monu|isse|nt	lēg|isse|nt	audīv|isse|nt

Imperātīvus

praesēns

[1, 2, 4]	[3]				
–	-e	sing.	amā	monē	leg|e	audī
-te	-ite	plūr.	amā|te	monē|te	leg|ite	audī|te

futūrum

-tō	-itō	sing.	amā|tō	monē|tō	leg|itō	audī|tō
-tōte	-itōte	plūr.	amā|tōte	monē|tōte	leg|itōte	audī|tōte

Participia

praesēns

[1, 2]	[3, 4]				
-ns	-ēns		amā|ns -ant|is	monē|ns -ent|is	leg|ēns -ent|is	audi|ēns -ent|is
-nt|is	-ent|is	**futūrum**				
≈ūr|us -a -um			amāt|ūr|us -a -um	monit|ūr|us -a -um	lēct|ūr|us -a -um	audīt|ūr|us -a -um

Supīna

≈um	I	amāt|um	monit|um	lēct|um	audīt|um
≈ū	II	amāt|ū	monit|ū	lēct|ū	audīt|ū

Gerundium

[1, 2]	[3, 4]				
-nd|um	-end|um	acc.	ama|nd|um	mone|nd|um	leg|end|um	audi|end|um
-nd|ī	-end|ī	gen.	ama|nd|ī	mone|nd|ī	leg|end|ī	audi|end|ī
-nd|ō	-end|ō	abl.	ama|nd|ō	mone|nd|ō	leg|end|ō	audi|end|ō

[B] Passīvum

Īnfīnītīvus

praesēns   [1, 2, 4]   [3]

[1] *amā|rī*	[2] *monē|rī*	[3] *leg|ī*	[4] *audī|rī*	*–rī*	*–ī*

perfectum

amāt|um	*monit|um*	*lēct|um*	*audīt|um*	*≈us -a -um esse*
esse	*esse*	*esse*	*esse*	

futūrum

amāt|um īrī	*monit|um īrī*	*lēct|um īrī*	*audīt|um īrī*	*≈um īrī*

Indicātīvus

praesēns   [1, 2, 4]   [3]

sing.	1	*am|or*	*mone|or*	*leg|or*	*audi|or*	*–or* *–or*
	2	*amā|ris*	*monē|ris*	*leg|eris*	*audī|ris*	*–ris* *–eris*
	3	*amā|tur*	*monē|tur*	*leg|itur*	*audī|tur*	*–tur* *–itur*
plūr.	1	*amā|mur*	*monē|mur*	*leg|imur*	*audī|mur*	*–mur* *–imur*
	2	*amā|minī*	*monē|minī*	*leg|iminī*	*audī|minī*	*–minī* *–iminī*
	3	*ama|ntur*	*mone|ntur*	*leg|untur*	*audi|untur*	*–(u)ntur* *–untur*

imperfectum   [1, 2]   [3, 4]

sing.	1	*amā|ba|r*	*monē|ba|r*	*leg|ēba|r*	*audi|ēba|r*	*–ba|r* *–ēba|r*
	2	*amā|bā|ris*	*monē|bā|ris*	*leg|ēbā|ris*	*audi|ēbā|ris*	*–bā|ris* *–ēbā|ris*
	3	*amā|bā|tur*	*monē|bā|tur*	*leg|ēbā|tur*	*audi|ēbā|tur*	*–bā|tur* *–ēbā|tur*
plūr.	1	*amā|bā|mur*	*monē|bā|mur*	*leg|ēbā|mur*	*audi|ēbā|mur*	*–bā|mur* *–ēbā|mur*
	2	*amā|bā|minī*	*monē|bā|minī*	*leg|ēbā|minī*	*audi|ēbā|minī*	*–bā|minī* *–ēbā|minī*
	3	*amā|ba|ntur*	*monē|ba|ntur*	*leg|ēba|ntur*	*audi|ēba|ntur*	*–ba|ntur* *–ēba|ntur*

futūrum   [1, 2]   [3, 4]

sing.	1	*amā|b|or*	*monē|b|or*	*leg|a|r*	*audi|a|r*	*–b|or* *–a|r*
	2	*amā|b|eris*	*monē|b|eris*	*leg|ē|ris*	*audi|ē|ris*	*–b|eris* *–ē|ris*
	3	*amā|b|itur*	*monē|b|itur*	*leg|ē|tur*	*audi|ē|tur*	*–b|itur* *–ē|tur*
plūr.	1	*amā|b|imur*	*monē|b|imur*	*leg|ē|mur*	*audi|ē|mur*	*–b|imur* *–ē|mur*
	2	*amā|b|iminī*	*monē|b|iminī*	*leg|ē|minī*	*audi|ē|minī*	*–b|iminī* *–ē|minī*
	3	*amā|b|untur*	*monē|b|untur*	*leg|e|ntur*	*audi|e|ntur*	*–b|untur* *–e|ntur*

perfectum

sing.		*amāt|us*	*monit|us*	*lēct|us*	*audīt|us*	*≈us -a (-um)*
	1	*sum*	*sum*	*sum*	*sum*	*sum*
	2	*es*	*es*	*es*	*es*	*es*
	3	*est*	*est*	*est*	*est*	*est*
plūr.		*amāt|ī*	*monit|ī*	*lēct|ī*	*audīt|ī*	*≈ī -ae (-a)*
	1	*sumus*	*sumus*	*sumus*	*sumus*	*sumus*
	2	*estis*	*estis*	*estis*	*estis*	*estis*
	3	*sunt*	*sunt*	*sunt*	*sunt*	*sunt*

plūsquamperfectum

sing.		*amāt|us*	*monit|us*	*lēct|us*	*audīt|us*	*≈us -a (-um)*
	1	*eram*	*eram*	*eram*	*eram*	*eram*
	2	*erās*	*erās*	*erās*	*erās*	*erās*
	3	*erat*	*erat*	*erat*	*erat*	*erat*
plūr.		*amāt|ī*	*monit|ī*	*lēct|ī*	*audīt|ī*	*≈ī -ae (-a)*
	1	*erāmus*	*erāmus*	*erāmus*	*erāmus*	*erāmus*
	2	*erātis*	*erātis*	*erātis*	*erātis*	*erātis*
	3	*erant*	*erant*	*erant*	*erant*	*erant*

≈us -a (-um)	futūrum perfectum				
	sing.	amāt|us	monit|us	lēct|us	audīt|us
erō	1	erō	erō	erō	erō
eris	2	eris	eris	eris	eris
erit	3	erit	erit	erit	erit
≈ī -ae (-a)	plūr.	amāt|ī	monit|ī	lēct|ī	audīt|ī
erimus	1	erimus	erimus	erimus	erimus
eritis	2	eritis	eritis	eritis	eritis
erunt	3	erunt	erunt	erunt	erunt

Coniūnctīvus

[1]	[2, 3, 4]	praesēns				
(-)e|r	-a|r	sing.1	am|e|r	mone|a|r	leg|a|r	audi|a|r
(-)ē|ris	-ā|ris	2	am|ē|ris	mone|ā|ris	leg|ā|ris	audi|ā|ris
(-)ē|tur	-ā|tur	3	am|ē|tur	mone|ā|tur	leg|ā|tur	audi|ā|tur
(-)ē|mur	-ā|mur	plūr.1	am|ē|mur	mone|ā|mur	leg|ā|mur	audi|ā|mur
(-)ē|minī	-ā|minī	2	am|ē|minī	mone|ā|minī	leg|ā|minī	audi|ā|minī
(-)e|ntur	-a|ntur	3	am|e|ntur	mone|a|ntur	leg|a|ntur	audi|a|ntur

[1, 2, 4]	[3]	imperfectum				
-re|r	-ere|r	sing.1	amā|re|r	monē|re|r	leg|ere|r	audī|re|r
-rē|ris	-erē|ris	2	amā|rē|ris	monē|rē|ris	leg|erē|ris	audī|rē|ris
-rē|tur	-erē|tur	3	amā|rē|tur	monē|rē|tur	leg|erē|tur	audī|rē|tur
-rē|mur	-erē|mur	plūr.1	amā|rē|mur	monē|rē|mur	leg|erē|mur	audī|rē|mur
-rē|minī	-erē|minī	2	amā|rē|minī	monē|rē|minī	leg|erē|minī	audī|rē|minī
-re|ntur	-ere|ntur	3	amā|re|ntur	monē|re|ntur	leg|ere|ntur	audī|re|ntur

≈us -a (-um)	perfectum				
	sing.	amāt|us	monit|us	lēct|us	audīt|us
sim	1	sim	sim	sim	sim
sīs	2	sīs	sīs	sīs	sīs
sit	3	sit	sit	sit	sit
≈ī -ae (-a)	plūr.	amāt|ī	monit|ī	lēct|ī	audīt|ī
sīmus	1	sīmus	sīmus	sīmus	sīmus
sītis	2	sītis	sītis	sītis	sītis
sint	3	sint	sint	sint	sint

≈us -a (-um)	plūsquamperfectum				
	sing.	amāt|us	monit|us	lēct|us	audīt|us
essem	1	essem	essem	essem	essem
essēs	2	essēs	essēs	essēs	essēs
esset	3	esset	esset	esset	esset
≈ī -ae (-a)	plūr.	amāt|ī	monit|ī	lēct|ī	audīt|ī
essēmus	1	essēmus	essēmus	essēmus	essēmus
essētis	2	essētis	essētis	essētis	essētis
essent	3	essent	essent	essent	essent

Participium
perfectum

≈us -a -um	amāt|us	monit|us	lēct|us	audīt|us
	-a -um	-a -um	-a -um	-a -um

Gerundīvum

[1, 2]	[3, 4]				
-nd|us -a	-end|us -a	ama|nd|us	mone|nd|us	leg|end|us	audi|end|us
-um	-um	-a -um	-a -um	-a -um	-a -um

18

20 Verba dēpōnentia

Īnfīnītīvus

praes.	cōnā|rī	verē|rī	ūt|ī	partī|rī
perf.	cōnāt|um esse	verit|um esse	ūs|um esse	partīt|um esse
fut.	cōnāt|ūr|um esse	verit|ūr|um esse	ūs|ūr|um esse	partīt|ūr|um esse

[1, 2, 4]   [3]
–rī   –ī
≈us -a -um esse
≈ūr\|us -a -um esse

Indicātīvus

praes.	cōnā|tur	verē|tur	ūt|itur	partī|tur
imperf.	cōnā|bā|tur	verē|bā|tur	ūt|ēbā|tur	partī|ēbā|tur
fut.	cōnā|b|itur	verē|b|itur	ūt|ē|tur	partī|ē|tur
perf.	cōnāt|us est	verit|us est	ūs|us est	partīt|us est
plūsqu.	cōnāt|us erat	verit|us erat	ūs|us erat	partīt|us erat
fut. perf.	cōnāt|us erit	verit|us erit	ūs|us erit	partīt|us erit

–(i)tur
–(ē)bā\|tur
–b\|itur –ē\|tur
≈us -a -um est
≈us -a -um erat
≈us -a -um erit

Coniūnctīvus

praes.	cōn|ē|tur	vere|ā|tur	ūt|ā|tur	parti|ā|tur
imperf.	cōnā|rē|tur	verē|rē|tur	ūt|erē|tur	partī|rē|tur
perf.	cōnāt|us sit	verit|us sit	ūs|us sit	partīt|us sit
plūsqu.	cōnāt|us esset	verit|us esset	ūs|us esset	partīt|us esset

(–)ē\|tur –ā\|tur
–(e)rē\|tur
≈us -a -um sit
≈us -a -um esset

Imperātīvus

sing.	cōnā|re	verē|re	ūt|ere	partī|re
plūr.	cōnā|minī	verē|minī	ūt|iminī	partī|minī

[1, 2, 4]   [3]
–re   –ere
–minī   –iminī

Participia

praes.	cōnā|ns	verē|ns	ūt|ēns	parti|ēns
perf.	cōnāt|us	verit|us	ūs|us	partīt|us
fut.	cōnāt|ūr|us	verit|ūr|us	ūs|ūr|us	partīt|ūr|us

[1, 2]   [3, 4]
–ns   –ēns
≈us -a -um
≈ūr\|us -a -um

Supīna   cōnāt\|um -ū   verit\|um -ū   ūs\|um -ū   partīt\|um -ū

≈um ≈ū

Gerundium

cōna\|nd\|um   vere\|nd\|um   ūt\|end\|um   parti\|end\|um

[1, 2]   [3, 4]
–nd\|um   –end\|um

Gerundīvum

cōna\|nd\|us   vere\|nd\|us   ūt\|end\|us   parti\|end\|us

–nd\|us -a –end\|us -a
-um   -um

21 Coniugātiō tertia: thema praesentis -i

Exempla: **capere, patī** (thema praesentis: capi-, pati-).

i > e ante r

	āct.	pass.	dēp.
Īnfīnītīvus			
praesēns	cape|re	cap|ī	pat|ī

cape\|re < *capi\|re
capī < *capi\|ī
patī < *pati\|ī

Indicātīvus

praesēns

sing.				
	1	capi|ō	capi|or	pati|or
	2	capi|s	cape|ris	pate|ris
	3	capi|t	capi|tur	pati|tur
plūr.	1	capi|mus	capi|mur	pati|mur
	2	capi|tis	capi|minī	pati|minī
	3	capi|unt	capi|untur	pati|untur

cape\|ris < *capi\|ris
pate\|ris < *pati\|ris

imperfectum

sing.				
	1	capi|ēba|m	capi|ēba|r	pati|ēba|r
	2	capi|ēbā|s	capi|ēbā|ris	pati|ēbā|ris
	3	capi|ēba|t	capi|ēbā|tur	pati|ēbā|tur
plūr.	1	capi|ēbā|mus	capi|ēbā|mur	pati|ēbā|mur
	2	capi|ēbā|tis	capi|ēbā|minī	pati|ēbā|minī
	3	capi|ēba|nt	capi|ēba|ntur	pati|ēba|ntur

19

futūrum

sing. 1 capi|a|m   capi|a|r   pati|a|r
      2 capi|ē|s   capi|ē|ris   pati|ē|ris
      3 capi|e|t   capi|ē|tur   pati|ē|tur
plūr. 1 capi|ē|mus   capi|ē|mur   pati|ē|mur
      2 capi|ē|tis   capi|ē|minī   pati|e|minī
      3 capi|e|nt   capi|e|ntur   pati|e|ntur

Coniūnctīvus
praesēns
sing. 1 capi|a|m   capi|a|r   pati|a|r
      2 capi|ā|s   capi|ā|ris   pati|ā|ris
      3 capi|a|t   capi|ā|tur   pati|ā|tur
plūr. 1 capi|ā|mus   capi|ā|mur   pati|ā|mur
      2 capi|ā|tis   capi|ā|minī   pati|ā|minī
      3 capi|a|nt   capi|a|ntur   pati|a|ntur

imperfectum

cape|rem < *capi|rem

sing. 1 cape|re|m   cape|re|r   pate|re|r
      2 cape|rē|s   cape|rē|ris   pate|rē|ris
      3 cape|re|t   cape|rē|tur   pate|rē|tur
plūr. 1 cape|rē|mus   cape|rē|mur   pate|rē|mur
      2 cape|rē|tis   cape|rē|minī   pate|rē|minī
      3 cape|re|nt   cape|re|ntur   pate|re|ntur

Imperātīvus

cape < *capi

sing. cape   pate|re
plūr. capi|te   pati|minī

Participium
praesēns capi|ēns -ent|is   pati|ēns -ent|is

Gerundium   capi|end|um   pati|end|um
Gerundīvum   capi|end|us   pati|end|us

Verba anōmala I: thema praesentis   22

er- ante vōcālem

1. Īnfīnītīvus *es|se* (thema *es-, er-, s-*).

Indicātīvus			Coniūnctīvus		Imperātīvus	
praes.	imperf.	fut.	praes.	imperf.	praes.	fut.
s|um	er|a|m	er|ō	s|i|m	es|se|m	es	es|tō
es	er|ā|s	er|is	s|ī|s	es|sē|s	es|te	es|tōte
es|t	er|a|t	er|it	s|i|t	es|se|t		
s|umus	er|ā|mus	er|imus	s|ī|mus	es|sē|mus		
es|tis	er|ā|tis	er|itis	s|ī|tis	es|sē|tis		
s|unt	er|a|nt	er|unt	s|i|nt	es|se|nt		

item:
ab- ad- de- in- inter-
prae- prōd- super-esse

prōd-est prō-sunt
prōd-e... prō-s...
de-est dē-sunt
in-est īn-sunt

2. Īnfīnītīvus *posse*.

Indicātīvus			Coniūnctīvus	
praes.	imperf.	fut.	praes.	imperf.
pos-sum	pot-eram	pot-erō	pos-sim	possem
pot-es	pot-erās	pot-eris	pos-sīs	possēs
pot-est	pot-erat	pot-erit	pos-sit	posset
pos-sumus	pot-erāmus	pot-erimus	pos-sīmus	possēmus
pot-estis	pot-erātis	pot-eritis	pos-sītis	possētis
pos-sunt	pot-erant	pot-erunt	pos-sint	possent

pot-e...
pos-s...

3. Īnfīnītīvus *velle, nōlle, mālle.*

Indicātīvus

praes.	vol|ō	nōl|ō	māl|ō
	vīs	nōn vīs	māvīs
	vul|t	nōn vult	māvult
	vol|umus	nōl|umus	māl|umus
	vul|tis	nōn vultis	māvultis
	vol|unt	nōl|unt	māl|unt

imperf.	vol|ēba|m	nōl|ēba|m	māl|ēba|m
	vol|ēbā|s	nōl|ēbā|s	māl|ēbā|s

fut.	vol|a|m	nōl|a|m	māl|a|m
	vol|ē|s	nōl|ē|s	māl|ē|s

Coniūnctīvus

praes.	vel|i|m	nōl|i|m	māl|i|m
	vel|ī|s	nōl|ī|s	māl|ī|s
	vel|i|t	nōl|i|t	māl|i|t
	vel|ī|mus	nōl|ī|mus	māl|ī|mus
	vel|ī|tis	nōl|ī|tis	māl|ī|tis
	vel|i|nt	nōl|i|nt	māl|i|nt

imperf.	velle|m	nōlle|m	mālle|m
	vellē|s	nōllē|s	māllē|s
	velle|t	nōlle|t	mālle|t
	vellē|mus	nōllē|mus	māllē|mus
	vellē|tis	nōllē|tis	māllē|tis
	velle|nt	nōlle|nt	mālle|nt

Participium

praes.	vol|ēns	nōl|ēns	

Imperātīvus

sing.		nōl|ī	
plūr.		nōl|īte	

4. Īnfīnītīvus *ī\|re.*

Indicātīvus			Coniūnctīvus		Imperātīvus	
praes.	imperf.	fut.	praes.	imperf.	praes.	fut.
e|ō	ī|ba|m	ī|b|ō	e|a|m	ī|re|m	ī	ī|tō
ī|s	ī|bā|s	ī|b|is	e|ā|s	ī|rē|s	ī|te	ī|tōte
i|t	ī|ba|t	ī|b|it	e|a|t	ī|re|t	Participium	
ī|mus	ī|bā|mus	ī|b|imus	e|ā|mus	ī|rē|mus	i|ēns e|unt|is	
ī|tis	ī|bā|tis	ī|b|itis	e|ā|tis	ī|rē|tis	Gerundium	
e|unt	ī|ba|nt	ī|b|unt	e|a|nt	ī|re|nt	e|und|um	

5. Īnfīnītīvus *fī\|erī.*

Indicātīvus			Coniūnctīvus	
praes.	imperf.	fut.	praes.	imperf.
fī|ō	fī|ēba|m	fī|a|m	fī|a|m	fī|ere|m
fī|s	fī|ēbā|s	fī|ē|s	fī|ā|s	fī|erē|s
fī|t	fī|ēba|t	fī|e|t	fī|a|t	fī|ere|t
fī|mus	fī|ēbā|mus	fī|ē|mus	fī|ā|mus	fī|erē|mus
fī|tis	fī|ēbā|tis	fī|ē|tis	fī|ā|tis	fī|erē|tis
fī|unt	fī|ēba|nt	fī|e|nt	fī|a|nt	fī|ere|nt

nōlle < ne- + velle
mālle < magis + velle

nōl\|ī -īte + īnf.

pass. (impersōnāle)
ī\|rī
ī\|tur ī\|bā\|tur ī\|b\|itur
e\|ā\|tur ī\|rē\|tur
gerundīvum:
e\|und\|um (est)

21

6. Īnfīnītīvus: āct. *fer|re*, pass. *fer|rī*.

Indicātīvus

	āct.	pass.		āct.	pass.
praes.	*fer|ō*	*fer|or*	imperf.	*fer|ēba|m*	*fer|ēba|r*
	fer|s	*fer|ris*		*fer|ēbā|s*	*fer|ēbā|ris*
	fer|t	*fer|tur*			
	fer|imus	*fer|imur*	fut.	*fer|a|m*	*fer|a|r*
	fer|tis	*fer|iminī*		*fer|ē|s*	*fer|ē|ris*
	fer|unt	*fer|untur*		*fer|e|t*	*fer|ē|tur*

Coniūnctīvus

pracs.	*fer|a|m*	*fer|a|r*	impeif.	*fer|re|m*	*fer|re|r*
	fer|ā|s	*fer|ā|ris*		*fer|rē|s*	*fer|rē|ris*
	fer|a|t	*fer|ā|tur*		*fer|re|t*	*fer|rē|tur*
	fer|ā|mus	*fer|ā|mur*		*fer|rē|mus*	*fer|rē|mur*
	fer|ā|tis	*fer|ā|minī*		*fer|rē|tis*	*fer|rē|minī*
	fer|a|nt	*fer|a|ntur*		*fer|re|nt*	*fer|re|ntur*

Imperātīvus	Participium	Gerundium	Gerundīvum
praes. *fer fer|te*	*fer|ēns*	*fer|end|um*	*fer|end|us*
fut. *fer|tō -tōte*			

7. Īnfīnītīvus: āct. *ēs|se*, pass. *ed|ī*.

pass. ind. praes. 3
ēs|tur ed|untur

Indicātīvus

praes.	imperf.	fut.
ed|ō	*ed|ēba|m*	*ed|a|m*
ēs	*ed|ēbā|s*	*ed|ē|s*
ēs|t	*ed|ēba|t*	*ed|e|t*
ed|imus	*ed|ēbā|mus*	*ed|ē|mus*
ēs|tis	*ed|ēbā|tis*	*ed|ē|tis*
ed|unt	*ed|ēba|nt*	*ed|e|nt*

Coniūnctīvus

praes.	imperf.
ed|i|m (-a|m)	*ēs|se|m*
ed|ī|s (-ā|s)	*ēs|sē|s*
ed|i|t (-a|t)	*ēs|se|t*
ed|ī|mus (-ā|mus)	*ēs|sē|mus*
ed|ī|tis (-ā|tis)	*ēs|sē|tis*
ed|i|nt (-a|nt)	*ēs|se|nt*

Imperātīvus	Participium	Gerundium	Gerundīvum
praes. *ēs ēs|te*	*ed|ēns*	*ed|end|um*	*ed|end|us*
fut. *ēs|tō -tōte*			

8. Īnfīnītīvus *da|re*.
Thema praesentis *da-* (*a* breve): *da|re, da|mus, da|ba|m, da|b|ō, da|re|m*, cēt., praeter *dā* (imp.), *dā|s* (ind. praes. 2 sing.), *dā|ns* (part.).

dēfectīvus -a -um
↔ integer; verbum
dēfectīvum: cui dē-
sunt quaedam modī
et tempora

ain' = ais-ne

Verba dēfectīva

9. *ait*
Indicātīvus

praes.			imperf.		
ai|ō	--		*ai|ēba|m*	*ai|ēbā|mus*	
ai|s	--		*ai|ēbā|s*	*ai|ēbā|tis*	
ai|t	*ai|unt*		*ai|ēba|t*	*ai|ēba|nt*	

10. *inquit*
Indicātīvus

praes.		fut.	
inquam	--	--	
inquis	--	*inquiēs*	
inquit	*inquiunt*	*inquiet*	

11. Verba quibus deest thema praesentis:
memin|isse (imperātīvus: *memen|tō -tōte*)
ōd|isse

22

23 Verba anōmala II: thema perfectī et supīnī

Coniugātiō prīma

	īnf. praes.	īnf. perf.	part. perf./supīnum	item:
1.	cubā|re	cubu|isse	cubit|um	ac-cubāre
2.	vetā|re	vetu|isse	vetit|um	
3.	im-plicā|re	-plicu|isse	-plicit|um	
4.	secā|re	secu|isse	sect|um	
5.	iuvā|re	iūv|isse	iūt|um	ad-iuvāre
6.	lavā|re	lāv|isse	laut|um/lavāt|um	
7.	stā|re	stet|isse		
8.	cōn-stā|re	-stit|isse		prae-stāre
9.	da|re	ded|isse	dat|um	circum-dare

Coniugātiō secunda

10.	docē|re	docu|isse	doct|um	
11.	miscē|re	miscu|isse	mixt|um	
12.	tenē|re	tenu|isse	tent|um	
13.	con-tinē|re	-tinu|isse	-tent|um	abs- re- sus-tinēre
14.	cēnsē|re	cēnsu|isse	cēns|um	
15.	dēlē|re	dēlēv|isse	dēlēt|um	
16.	flē|re	flēv|isse	flēt|um	
17.	im-plē|re	-plēv|isse	-plēt|um	com- ex-plēre
18.	cavē|re	cāv|isse	caut|um	
19.	favē|re	fāv|isse	faut|um	
20.	movē|re	mōv|isse	mōt|um	per- re-movēre
21.	sedē|re	sēd|isse	sess|um	
22.	possidē|re	possēd|isse	possess|um	
23.	vidē|re	vīd|isse	vīs|um	in-vidēre
24.	augē|re	aux|isse	auct|um	
25.	lūcē|re	lūx|isse		
26.	lūgē|re	lūx|isse		
27.	iubē|re	iuss|isse	iuss|um	
28.	rīdē|re	rīs|isse	rīs|um	dē-rīdēre
29.	suādē|re	suās|isse	suās|um	dis- per-suādēre
30.	tergē|re	ters|isse	ters|um	dē-tergēre
31.	manē|re	māns|isse	māns|um	re-manēre
32.	re-spondē|re	-spond|isse	-spōns|um	
33.	mordē|re	momord|isse	mors|um	
34.	fatē|rī	fass|um esse		
35.	cōn-fitē|rī	-fess|um esse		
36.	solē|re	solit|um esse		
37.	audē|re	aus|um esse		
38.	gaudē|re	gavīs|um esse		

Coniugātiō tertia

39.	leg|ere	lēg|isse	lēct|um	
40.	ē-lig|ere	-lēg|isse	-lēct|um	
41.	em|ere	ēm|isse	ēmpt|um	
42.	red-im|ere	-ēm|isse	-ēmpt|um	
43.	cōn-sīd|ere	-sēd|isse		
44.	ēs|se ed|ō	ēd|isse	ēs|um	
45.	ag|ere	ēg|isse	āct|um	
46.	cōg|ere	co-ēg|isse	co-āct|um	
47.	cap|ere -iō	cēp|isse	capt|um	
48.	ac-cip|ere -iō	-cēp|isse	-cept|um	re-cipere

imp. *fac!*	49. *fac|ere -iō*	*fēc|isse*	*fact|um*
cōn- ef- inter- per-	50. *af-fic|ere -iō*	*-fēc|isse*	*-fect|um*
ficere	51. *iac|ere -iō*	*iēc|isse*	*iact|um*
ad- ē- prō-icere	52. *ab-ic|ere -iō*	*-iēc|isse*	*-iect|um*
au- ef-fugere	53. *fug|ere -iō*	*fūg|isse*	
	54. *vinc|ere*	*vīc|isse*	*vīct|um*
ef-fundere	55. *fund|ere*	*fūd|isse*	*fūs|um*
	56. *re-linqu|ere*	*-līqu|isse*	*-lict|um*
ē-rumpere	57. *rump|ere*	*rūp|isse*	*rupt|um*
	58. *frang|ere*	*frēg|isse*	*frāct|um*
	59. *carp|ere*	*carps|isse*	*carpt|um*
imp. *dīc! dūc!*	60. *dīc|ere*	*dīx|isse*	*dict|um*
ab- ē- re-dūcere	61. *dūc|ere*	*dūx|isse*	*duct|um*
īn-scrībere	62. *scrīb|ere*	*scrīps|isse*	*scrīpt|um*
	63. *nūb|ere*	*nūps|isse*	*nupt|um*
cōn- dē- prō- su-	64. *a-spic|ere -iō*	*-spex|isse*	*-spect|um*
spicere	65. *al-lic|ere -iō*	*-lēx|isse*	*-lect|um*
	66. *reg|ere*	*rēx|isse*	*rēct|um*
	67. *cor-rig|ere*	*-rēx|isse*	*-rēct|um*
	68. *perg|ere*	*per-rēx|isse*	
	69. *surg|ere*	*sur-rēx|isse*	
	70. *dīlig|ere*	*dīlēx|isse*	*dīlēct|um*
	71. *intelleg|ere*	*intellēx|isse*	*intellēct|um*
	72. *negleg|ere*	*neglēx|isse*	*neglēct|um*
	73. *cing|ere*	*cīnx|isse*	*cīnct|um*
ad- con- dis-iungere	74. *iung|ere*	*iūnx|isse*	*iūnct|um*
	75. *coqu|ere*	*cox|isse*	*coct|um*
con- dē- re-trahere	76. *trah|ere*	*trāx|isse*	*tract|um*
ad- in-vehere	77. *veh|ere*	*vēx|isse*	*vect|um*
	78. *īn-stru|ere*	*-strūx|isse*	*-strūct|um*
īn-fluere	79. *flu|ere*	*flūx|isse*	
part. fut. *vīct|ūr|us*	80. *vīv|ere*	*vīx|isse*	
cōn-sūmere	81. *sūm|ere*	*sūmps|isse*	*sūmpt|um*
	82. *prōm|ere*	*prōmps|isse*	*prōmpt|um*
	83. *dēm|ere*	*dēmps|isse*	*dēmpt|um*
	84. *ger|ere*	*gess|isse*	*gest|um*
	85. *ūr|ere*	*uss|isse*	*ust|um*
	86. *fīg|ere*	*fīx|isse*	*fīx|um*
īn-flectere	87. *flect|ere*	*flex|isse*	*flex|um*
ac- dis- prō- re-	88. *cēd|ere*	*cess|isse*	*cess|um*
cēdere	89. *claud|ere*	*claus|isse*	*claus|um*
	90. *in-clūd|ere*	*-clūs|isse*	*-clūs|um*
	91. *dīvid|ere*	*dīvīs|isse*	*dīvīs|um*
	92. *lūd|ere*	*lūs|isse*	*lūs|um*
	93. *laed|ere*	*laes|isse*	*laes|um*
	94. *ē-līd|ere*	*-līs|isse*	*-līs|um*
	95. *plaud|ere*	*plaus|isse*	*plaus|um*
ā- ad- dī- per- prō-	96. *mitt|ere*	*mīs|isse*	*miss|um*
re-mittere	97. *quat|ere -iō*	*--*	*quass|um*
	98. *per-cut|ere -iō*	*-cuss|isse*	*-cuss|um*
sub-mergere	99. *merg|ere*	*mers|isse*	*mers|um*
	100. *sparg|ere*	*spars|isse*	*spars|um*
	101. *a-sperg|ere*	*-spers|isse*	*-spers|um*
	102. *prem|ere*	*press|isse*	*press|um*
	103. *im-prim|ere*	*-press|isse*	*-press|um*

104. contemn|ere	contemps|isse	contempt|um	
105. stern|ere	strāv|isse	strāt|um	
106. cern|ere	crēv|isse	crēt|um	
107. ser|ere	sēv|isse	sat|um	
108. arcess|ere	arcessīv|isse	arcessīt|um	
109. cup|ere -iō	cupīv|isse	cupīt|um	
110. sap|ere -iō	sapi|isse		
111. pet|ere	petīv|isse	petīt|um	
112. quaer|ere	quaesīv|isse	quaesīt|um	
113. re-quīr|ere	-quīsīv|isse	-quīsīt|um	
114. sin|ere	sīv|isse	sit|um	
115. dēsin|ere	dēsi|isse	dēsit|um	
116. pōn|ere	posu|isse	posit|um	ap- dē- ex- im- prae- re-
117. al|ere	alu|isse	alt|um	pōnere
118. col|ere	colu|isse	cult|um	in-colere
119. dēser|ere	dēseru|isse	dēsert|um	
120. rap|ere -iō	rapu|isse	rapt|um	
121. ē-rip|ere -iō	-ripu|isse	-rept|um	sur-ripere
122. trem|ere	tremu|isse		
123. frem|ere	fremu|isse		
124. ac-cumb|ere	-cubu|isse		re-cumbere
125. tang|ere	tetig|isse	tāct|um	
126. cad|ere	cecid|isse		
127. ac-cid|ere	-cid|isse		oc-cidere
128. caed|ere	cecīd|isse	caes|um	
129. oc-cīd|ere	-cīd|isse	-cīs|um	
130. curr|ere	cucurr|isse	curs|um	
131. ac-curr|ere	-curr|isse	-curs|um	ex- oc- per- prō-currere
132. par|ere -iō	peper|isse	part|um	
133. pell|ere	pepul|isse	puls|um	
134. parc|ere	peperc|isse		
135. can|ere	cecin|isse		
136. fall|ere	fefell|isse		
137. ad-d|ere	-did|isse	-dit|um	per- red- trā-dere
138. crēd|ere	crēdid|isse	crēdit|um	
139. vēnd|ere	vēndid|isse		
140. cōn-sist|ere	-stit|isse		dē- re-sistere
141. scind|ere	scid|isse	sciss|um	
142. bib|ere	bib|isse		
143. dēfend|ere	dēfend|isse	dēfēns|um	
144. prehend|ere	prehend|isse	prehēns|um	ap- re-prehendere
145. a-scend|ere	-scend|isse	-scēns|um	cōn- dē-scendere
146. ac-cend|ere	-cend|isse	-cēns|um	
147. ostend|ere	ostend|isse	ostent|um	
148. vert|ere	vert|isse	vers|um	ā- con-vertere
149. minu|ere	minu|isse	minūt|um	
150. statu|ere	statu|isse	statūt|um	
151. cōn-stitu|ere	-stitu|isse	-stitūt|um	
152. indu|ere	indu|isse	indūt|um	
153. metu|ere	metu|isse		
154. solv|ere	solv|isse	solūt|um	
155. volv|ere	volv|isse	volūt|um	ē-volvere
156. quiēsc|ere	quiēv|isse		re-quiēscere
157. crēsc|ere	crēv|isse		
158. ērubēsc|ere	ērubu|isse		

	159. *nōsc|ere*	*nōv|isse*	
	160. *ignōsc|ere*	*ignōv|isse*	*ignōt|um*
	161. *cognōsc|ere*	*cognōv|isse*	*cognit|um*
	162. *pāsc|ere*	*pāv|isse*	*pāst|um*
	163. *posc|ere*	*poposc|issc*	
	164. *disc|ere*	*didic|isse*	
per- prae- prō- trāns-	165. *fer|re*	*tul|isse*	*lāt|um*
ferre	166. *af-fer|re*	*at-tul|isse*	*al-lāt|um*
	167. *au-fer|re*	*abs-tul|isse*	*ab-lāt|um*
	168. *ef-fer|re*	*ex-tul|isse*	*ē-lāt|um*
	169. *of-fer|re*	*ob-tul|isse*	*ob-lāt|um*
	170. *re-fer|re*	*rettul|isse*	*re-lāt|um*
	171. *toll|ere*	*sustul|isse*	*sublāt|um*
	172. *in-cip|ere -iō*	*coep|isse*	*coept|um*
cōn-fīdere	173. *fīd|ere*	*fīs|um esse*	
	174. *revert|ī*	*revert|isse*	*revers|um*
col-loquī	175. *loqu|ī*	*locūt|um esse*	
cōn- per-sequī	176. *sequ|ī*	*secūt|um esse*	
	177. *quer|ī*	*quest|um esse*	
	178. *mor|ī -ior*	*mortu|um esse*	
	179. *pat|ī -ior*	*pass|um esse*	
prō-gredī	180. *ē-gred|ī -ior*	*-gress|um esse*	
	181. *ūt|ī*	*ūs|um esse*	
	182. *complect|ī*	*complex|um esse*	
	183. *lāb|ī*	*lāps|um esse*	
	184. *nāsc|ī*	*nāt|um esse*	
	185. *proficīsc|ī*	*profect|um esse*	
	186. *oblīvīsc|ī*	*oblīt|um esse*	

Coniugātiō quārta

	187. *aperī|re*	*aperu|isse*	*apert|um*
	188. *operī|re*	*operu|isse*	*opert|um*
	189. *salī|re*	*salu|isse*	
circum- prō-silīre	190. *dē-silī|re*	*-silu|isse*	
ex-haurīre	191. *haurī|re*	*haus|isse*	*haust|um*
	192. *vincī|re*	*vīnx|isse*	*vīnct|um*
	193. *sentī|re*	*sēns|isse*	*sēns|um*
ad- con- in- per- re-	194. *venī|re*	*vēn|isse*	*vent|um*
venīre	195. *reperī|re*	*repper|isse*	*repert|um*
ab- ad- ex- per- red-	196. *ī|re e|ō*	*i|isse*	*it|um*
sub- trāns-īre	197. *opperī|rī*	*oppert|um esse*	
thema praes. *orī-/ori-*	198. *orī|rī ori|tur*	*ort|um esse*	

Verba anōmala III   24

	īnf. praes.	īnf. perf.
	199. *vel|le vol|ō*	*volu|isse*
	200. *nōl|le*	*nōlu|isse*
	201. *māl|le*	*mālu|isse*
inter- prae- super-	202. *es|se sum*	*fu|isse*
esse	203. *posse pos-sum*	*potu|isse*
fut. part. *futūr|us*	204. *ab-esse*	*ā-fu|isse*
fut. īnf. *futūr|um esse,*	205. *ad-esse ad-/as-sum*	*af-fu|isse*
fore	206. *de-esse dē-sum*	*dē-fu|isse*
	207. *prōd-esse prō-sum*	*prō-fu|isse*
	208. *fī|erī fī|ō*	*fact|um esse*

INDEX VERBORVM (CAP. 23)

27

INDEX DECLINATIONVM ET CONIVGATIONVM

NOMINA

Dēclīnātiō prīma

Gen. sing. *-ae*, plūr. *-ārum*

Fēminīna

āla	fenestra	littera	puella
amīca	fera	lucerna	pugna
amīcitia	fīlia	lūna	rēgula
ancilla	fōrma	mamma	rīpa
anima	fortūna	margarīta	rosa
aqua	fossa	māteria	sagitta
aquila	fuga	mātrōna	scaena
arānea	gemma	memoria	sella
audācia	gena	mēnsa	sententia
bēstia	glōria	mora	silva
catēna	grammatica	Mūsa	stēlla
cauda	grātia	nātūra	syllaba
causa	hasta	nāvicula	tabella
cēna	herba	nota	tabula
cēra	hōra	opera	terra
charta	iactūra	ōra	toga
columna	iānua	paenīnsula	tunica
cōmoedia	iniūria	pāgina	turba
cōpia	inopia	palma	umbra
culīna	īnsula	patientia	ūva
cūra	invidia	patria	vēna
dea	īra	pecūnia	via
domina	lacrima	penna	victōria
epistula	laetitia	persōna	vigilia
fābula	lāna	pila	vīlla
fāma	lectīca	poena	vīnea
familia	līnea	porta	virga
fēmina	lingua	prōvincia	vīta

(plūr.)

cūnae	dīvitiae	nōnae	tenebrae
dēliciae	kalendae	nūgae	tībiae

Masculīna (/fēminīna)

agricola	convīva	nauta	poēta
aurīga	incola	parricīda	pīrāta

Dēclīnātiō secunda

Gen. sing. *-ī*, plūr. *-ōrum*

1. Nōm. sing. *-us (-r)*

Masculīna

agnus	cibus	fluvius	lūdus
amīcus	circus	fundus	lupus
animus	cocus	gallus	marītus
annus	colōnus	gladius	medicus
ānulus	delphīnus	hortus	modus
asinus	dēnārius	inimīcus	mundus
avunculus	deus	labyrinthus	mūrus
barbarus	digitus	lacertus	nāsus
cachinnus	discipulus	lectus	nīdus
calamus	dominus	lēgātus	numerus
calceus	equus	libellus	nummus
campus	erus	lībertīnus	nūntius
capillus	fīlius	locus	ōceanus

ocellus	pullus	servus	taurus
oculus	rāmus	sēstertius	titulus
ōstiārius	rēmus	somnus	tyrannus
petasus	rīvus	sonus	umerus
populus	sacculus	stilus	ventus
pugnus	saccus	tabernārius	zephyrus

(nōm. sing. *-er*)

ager agrī	faber -brī	magister -trī	puer -erī
culter -trī	liber -brī	minister -trī	vesper -erī

(plūr.)

līberī

Fēminīna

humus	papȳrus	Aegyptus	Rhodus

2. Nōm. sing. *-um*, plūr *-a*

Neutra

aedificium	exemplum	mōnstrum	scamnum
aequinoctium	factum	negōtium	scūtum
arātrum	fātum	odium	saeculum
argentum	ferrum	officium	saxum
ātrium	fīlum	oppidum	scalpellum
aurum	folium	ōrnāmentum	signum
auxilium	forum	ōsculum	silentium
baculum	fretum	ōstium	solum
balneum	frūmentum	ōtium	speculum
bāsium	fūrtum	ōvum	stipendium
bellum	gaudium	pābulum	studium
beneficium	gremium	pallium	supplicium
bonum	imperium	pecūlium	talentum
bracchium	impluvium	pēnsum	tēctum
caelum	ingenium	perīculum	templum
capitulum	initium	peristȳlum	tergum
cerebrum	īnstrūmentum	pīlum	theātrum
colloquium	labrum	pirum	triclīnium
collum	lignum	pōculum	vāllum
cōnsilium	līlium	praedium	vēlum
convīvium	lucrum	praemium	verbum
cubiculum	maleficium	pretium	vestīgium
dictum	malum	prīncipium	vestīmentum
dōnum	mālum	prōmissum	vīnum
dorsum	mendum	respōnsum	vocābulum

(plūr.)

arma -ōrum	castra -ōrum	loca -ōrum	vāsa -ōrum

Dēclīnātiō tertia

Gen. sing. *-is*

1. Gen. plūr. *-um*

Masculīna

āēr āeris	coniūnx -iugis	grex -egis
amor -ōris	cruor -ōris	gubernātor -ōris
arātor -ōris	dolor -ōris	homō -inis
bōs bovis	dux ducis	hospes -itis
calor -ōris	eques -itis	iānitor -ōris
carcer -eris	fidicen -inis	imperātor -ōris
cardō -inis	flōs -ōris	iuvenis -is
clāmor -ōris	frāter -tris	labor -ōris
color -ōris	fūr fūris	leō -ōnis
comes -itis	gladiātor -ōris	mercātor -ōris

28

mīles -itis	praedō -ōnis	senex senis
mōs mōris	prīnceps -ipis	sermō -ōnis
ōrdō -inis	pudor -ōris	sōl sōlis
passer -eris	pulmō -ōnis	spectātor -ōris
pāstor -ōris	rēx rēgis	tībīcen -inis
pater -tris	rūmor -ōris	timor -ōris
pedes -itis	sacerdōs -ōtis	victor -ōris
pēs pedis	sāl salis	
piscātor -ōris	sanguis -inis	
(plūr.)		
parentēs -um	septentriōnēs -um	

Fēminīna

aestās -ātis	māter -tris	quālitās -ātis
aetās -ātis	mentiō -ōnis	ratiō -ōnis
arbor -oris	mercēs -ēdis	salūs -ūtis
condiciō -ōnis	mulier -eris	servitūs -ūtis
crux -ucis	multitūdō -inis	significātiō -ōnis
cupiditās -ātis	nārrātiō -ōnis	soror -ōris
expugnātiō -ōnis	nāvigātiō -ōnis	tempestās -ātis
fēlīcitās -ātis	nex necis	tranquillitās -ātis
hiems -mis	nūtrīx -īcis	uxor -ōris
imāgō -inis	nux nucis	valētūdō -inis
laus laudis	ōrātiō -ōnis	virgō -inis
legiō -ōnis	pāx pācis	virtūs -ūtis
lēx lēgis	potestās -ātis	voluntās -ātis
lībertās -ātis	pōtiō -ōnis	vorāgō -inis
lūx lūcis	pulchritūdō -inis	vōx vōcis
(plūr.)		
frūgēs -um	opēs -um	precēs -um

Neutra (plūr. nōm./acc. -a)

agmen -inis	holus -eris	pectus -oris
caput -itis	iecur -oris	pecus -oris
carmen -inis	iter itineris	phantasma -atis
certāmen -inis	iūs iūris	praenōmen -inis
cognōmen -inis	lac lactis	rūs rūris
cor cordis	latus -eris	scelus -eris
corpus -oris	līmen -inis	sēmen -inis
crūs -ūris	lītus -oris	tempus -oris
epigramma -atis	mel mellis	thema -atis
flūmen -inis	mūnus -eris	vās vāsis
frīgus -oris	nōmen -inis	vēr vēris
fulgur -uris	opus -eris	vulnus -eris
genus -eris	ōs ōris	
(plūr.)		
verbera -um	viscera -um	

2. Gen. plūr. -ium

Masculīna

amnis	hostis	oriēns -entis
as assis	ignis	orbis
cīvis	imber -bris	pānis
collis	īnfāns -antis	piscis
dēns dentis	mēnsis	pōns pontis
ēnsis	mōns montis	testis
fīnis	occidēns -entis	venter -tris

Fēminīna

apis	avis	classis
ars artis	caedēs -is	clāvis
auris	carō carnis	cohors -rtis

cōnsonāns -antis	mors -rtis	ratis
falx -cis	nāvis	sitis
famēs -is	nix nivis	urbs -bis
foris	nox noctis	vallis
frōns -ontis	nūbēs -is	vestis
gēns gentis	ovis	vītis
mēns mentis	pars partis	vōcālis
merx -rcis	puppis	
(plūr.)		
fidēs -ium	sordēs -ium	vīrēs -ium

Neutra

animal -ālis	mare -is	rēte -is
(plūr.)		
mīlia -ium	moenia -ium	

Dēclīnātiō quārta
Gen. sing. -ūs, plūr. -uum

Masculīna

affectus	cursus	impetus	sinus
arcus	equitātus	lacus	strepitus
cantus	exercitus	metus	tonitrus
cāsus	exitus	passus	tumultus
cōnspectus	flūctus	portus	versus
currus	gradus	rīsus	vultus

Fēminīna

anus	domus	manus
(plūr.)		
īdūs -uum		

Neutra

cornū	genū

Dēclīnātiō quīnta
Gen. sing. -ēī/-eī (plūr. -ērum)

Fēminīna

aciēs -ēī	glaciēs -ēī	fidēs -eī	spēs -eī
faciēs -ēī	speciēs -ēī	rēs reī	

Masculīna

diēs -ēī	merīdiēs -ēī

ADIECTIVA
Dēclīnātiō I/II
Nōm. sing. m. -us, f. -a, n. -um

acerbus	armātus	centēsimus	doctus
acūtus	asinīnus	certus	dubius
adversus	attentus	cēterus	dūrus
aegrōtus	aureus	clārus	ēbrius
aequus	avārus	claudus	ēgregius
albus	barbarus	clausus	exiguus
aliēnus	beātus	contrārius	falsus
altus	bellus	crassus	ferreus
amīcus	bonus	cruentus	ferus
amoenus	caecus	cūnctus	fessus
angustus	calidus	cupidus	fīdus
antīquus	candidus	decimus	foedus
apertus	cārus	dignus	fōrmōsus
arduus	cautus	dīmidius	frīgidus
argenteus	celsus	dīrus	fugitīvus

futūrus	maestus	perpetuus	sextus
gemmātus	magnificus	perterritus	siccus
gladiātōrius	magnus	pessimus	situs
gloriosus	malus	plānus	sordidus
grātus	maritimus	plēnus	studiōsus
gravidus	mātūrus	poēticus	stultus
horrendus	māximus	postrēmus	summus
ignārus	medius	praeteritus	superbus
ignōtus	mellītus	prāvus	superus
immātūrı̣s	mercātōrius	pretiōsus	surdus
improbus	merus	prīmus	suus
īmus	meus	prīvātus	tacitus
incertus	minimus	propinquus	tantus
inconditus	mīrus	proprius	tardus
indignus	misellus	proximus	temerārius
indoctus	molestus	pūblicus	tenebricōsus
industrius	mortuus	pūrus	timidus
īnferus	mundus	quantus	tertius
īnfēstus	mūtus	quārtus	togātus
īnfīdus	mūtuus	quiētus	tranquillus
īnfimus	necessārius	quīntus	turbidus
inhūmānus	nimius	rapidus	turgidus
inimīcus	niveus	rārus	tūtus
iniūstus	nōnus	rēctus	tuus
internus	nōtus	reliquus	ultimus
invalidus	novus	rīdiculus	ūmidus
iocōsus	nūbilus	Rōmānus	ūniversus
īrātus	nūdus	rūsticus	urbānus
iūcundus	obscūrus	saevus	vacuus
iūstus	octāvus	salvus	validus
laetus	optimus	sānus	varius
laevus	ōtiōsus	scaenicus	venustus
largus	pallidus	scelestus	vērus
Latīnus	parātus	secundus	vīvus
lātus	parvulus	septimus	-issimus
legiōnārius	parvus	serēnus	sup.
ligneus	pecūniōsus	sērius	-ēsimus
longus	perīculōsus	sevērus	num.

(plūr.)

cēterī	paucī	singulī	ducentī
multī	plērī-que	bīnī	trecentī
nōnnūllī	plūrimī	cēt.	cēt.

Nom. sing. -er -(e)ra -(e)rum

aeger -gra -grum	niger -gra -grum	ruber -bra -brum
āter -tra -trum	noster -tra -trum	sinister -tra -trum
dexter -tra -trum	piger -gra -grum	vester -tra -trum
impiger -gra -grum	pulcher -chra	līber -era -erum
integer -gra -grum	-chrum	miser -era -erum

Dēclīnātiō III

Nom. sing. m./f. -is, n. -e

brevis	fertilis	levis	rudis
circēnsis	fortis	mīlitāris	similis
commūnis	gracilis	mīrābilis	tālis
crūdēlis	gravis	mollis	tenuis
dēbilis	humilis	mortālis	terribilis
difficilis	immortālis	nōbilis	trīstis
dulcis	incolumis	omnis	turpis
facilis	inermis	quālis	vīlis

Nōm. sing. m./f./n. -ns, gen. -ntis

absēns	dēpōnēns	ingēns	prūdēns
amāns	dīligēns	neglegēns	supiēns
clēmēns	frequēns	patiēns	-ns part.
cōnstāns	impatiēns	praesēns	praes.

Nōm. sing. m./f./n. -x, gen. -cis

audāx	fēlīx	īnfēlīx
fallāx	ferōx	vēlōx

Nom. sing. m. -er, f. -(e)ris, n. -(e)re

ācer ācris	celer -eris

VERBA

Coniugātiō I

Īnf. praes. āct. -āre, pass. -ārī

aberrāre	dare	iuvāre	properāre
accubāre	dēlectāre	labōrāre	pugnāre
accūsāre	dēmōnstrāre	lacrimāre	pulsāre
adiuvāre	dēsīderāre	lātrāre	putāre
adōrāre	dēspērāre	laudāre	recitāre
aedificāre	dēvorāre	lavāre	rēgnāre
aegrōtāre	dictāre	levāre	rēmigāre
affīrmāre	dōnāre	līberāre	repugnāre
amāre	dubitāre	memorāre	revocāre
ambulāre	ēducāre	mīlitāre	rigāre
appellāre	errāre	mōnstrāre	rogāre
apportāre	ēvolāre	mūtāre	rogitāre
appropin-	excitāre	nārrāre	salūtāre
quāre	exclāmāre	natāre	salvāre
arāre	excōgitāre	nāvigāre	sānāre
armāre	excruciāre	necāre	secāre
bālāre	exīstimāre	negāre	servāre
cantāre	exōrnāre	nōmināre	signāre
cēnāre	explānāre	numerāre	significāre
certāre	expugnāre	nūntiāre	spectāre
cessāre	exspectāre	occultāre	spērāre
circumdare	fatīgāre	oppugnāre	spīrāre
clāmāre	flāre	optāre	stāre
cōgitāre	gubernāre	ōrāre	suscitāre
commemo-	gustāre	ōrdināre	turbāre
rāre	habitāre	ōrnāre	ululāre
comparāre	iactāre	ōscitāre	verberāre
computāre	ignōrāre	palpitāre	vetāre
cōnstāre	illūstrāre	parāre	vigilāre
conturbāre	imperāre	perturbāre	vītāre
convocāre	implicāre	pīpiāre	vocāre
cōpulāre	interpellāre	plōrāre	volāre
cruciāre	interrogāre	portāre	vorāre
cubāre	intrāre	postulāre	vulnerāre
cūrāre	invocāre	praestāre	

Dēpōnentia

admīrārī	fābulārī	luctārī	tumultuārī
arbitrārī	fārī	minārī	versārī
comitārī	hortārī	mīrārī	
cōnārī	imitārī	ōsculārī	
cōnsōlārī	laetārī	precārī	

Coniugātiō II

Īnf. praes. āct. -ēre, pass. -ērī

abstinēre	favēre	merēre	retinēre
appārēre	flēre	miscēre	rīdēre
audēre	frīgēre	monēre	rubēre
augēre	gaudēre	mordēre	salvēre
carēre	habēre	movēre	sedēre
cavēre	horrēre	nocēre	silēre
cēnsēre	iacēre	oportēre	solēre
complēre	impendēre	pallēre	studēre
continēre	implēre	pārēre	stupēre
dēbēre	invidēre	patēre	suādēre
decēre	iubēre	permovēre	sustinēre
dēlēre	latēre	persuādēre	tacēre
dērīdēre	libēre	placēre	tenēre
dētergēre	licēre	possidēre	tergēre
dēterrēre	lūcēre	pudēre	terrēre
dissuādēre	lūgēre	remanēre	timēre
docēre	maerēre	removēre	valēre
dolēre	manēre	respondēre	vidēre

Dēpōnentia

cōnfitērī	fatērī	intuērī	tuērī
verērī			

Coniugātiō III

Īnf. praes. āct. -ere, pass. -ī
1. Ind. praes. pers. 1 sing. -ō, -or

abdūcere	canere	dēfendere	expōnere
accēdere	carpere	dēmere	extendere
accendere	cēdere	dēscendere	fallere
accidere	cernere	dēserere	fīdere
accumbere	cingere	dēsinere	fīgere
accurrere	claudere	dēsistere	flectere
addere	cōgere	dētrahere	fluere
adiungere	cognōscere	dīcere	frangere
admittere	colere	dīligere	fremere
adnectere	cōnfīdere	dīmittere	fundere
advehere	coniungere	discēdere	gerere
agere	cōnscendere	discere	ignōscere
alere	cōnsīdere	disiungere	impōnere
animadvertere	cōnsistere	dīvidere	imprimere
āmittere	cōnstituere	dūcere	inclūdere
appōnere	cōnsūmere	ēdūcere	incolere
apprehendere	contemnere	effundere	induere
arcessere	contrahere	ēlīdere	īnflectere
ascendere	convertere	ēligere	īnfluere
aspergere	coquere	emere	īnscrībere
āvertere	corrigere	ērubēscere	īnstruere
bibere	crēdere	ērumpere	intellegere
cadere	crēscere	ēvolvere	invehere
caedere	currere	excurrere	iungere

laedere	perdere	reddere	statuere
legere	pergere	redimere	sternere
lūdere	permittere	redūcere	submergere
mergere	petere	regere	sūmere
metere	plaudere	relinquere	surgere
metuere	pōnere	remittere	tangere
minuere	poscere	repōnere	tollere
mittere	praepōnere	reprehendere	trādere
neglegere	prehendere	requiēscere	trahere
nōscere	premere	requīrere	tremere
nūbere	prōcēdere	resistere	ūrere
occidere	prōcurrere	retrahere	vehere
occīdere	prōmere	rumpere	vēndere
occurrere	prōmittere	scindere	vertere
ostendere	quaerere	scrībere	vincere
parcere	quiēscere	serere	vīsere
pāscere	recēdere	sinere	vīvere
pellere	recognōscere	solvere	
percurrere	recumbere	spargere	

Dēpōnentia

colloquī	lābī	persequī	revertī
complectī	loquī	proficīscī	sequī
cōnsequī	nāscī	querī	ūtī
fruī	oblīvīscī	reminīscī	

2. Ind. praes. pers. 1 sing. -iō, -ior

abicere	cōnspicere	iacere	rapere
accipere	cupere	incipere	recipere
adicere	dēspicere	interficere	sapere
afficere	efficere	parere	surripere
allicere	effugere	percutere	suscipere
aspicere	ēicere	perficere	suspicere
aufugere	ēripere	prōicere	
capere	facere	prōspicere	
cōnficere	fugere	quatere	

Dēpōnentia

ēgredī	morī	patī	prōgredī

Coniugātiō IV

Īnf. praes. āct. -īre, pass. -īrī

advenīre	exaudīre	oboedīre	scīre
aperīre	exhaurīre	operīre	sentīre
audīre	fīnīre	pervenīre	servīre
circumsilīre	haurīre	prōsilīre	vāgīre
convenīre	invenīre	pūnīre	venīre
cūstōdīre	mollīre	reperīre	vestīre
dēsilīre	mūnīre	revenīre	vincīre
dormīre	nescīre	salīre	

Dēpōnentia

largīrī	mentīrī	opperīrī	orīrī
partīrī			

NOTAE

abl.	ablātīvus
acc.	accūsātīvus
āct.	āctīvum
adi.	adiectīvum
adv.	adverbium
cēt.	cēterī -ae -a
comp.	comparātīvus
coni.	coniūnctīvus
dat.	datīvus
dēcl.	dēclīnātiō
dēp.	dēpōnēns
f., fēm.	fēminīnum
fut.	futūrum
gen.	genetīvus
imp.	imperātīvus
imperf.	imperfectum
ind.	indicātīvus
indēcl.	indēclīnābile
īnf.	īnfīnītīvus
m., masc.	masculīnum
n., neutr.	neutrum
nōm.	nōminātīvus
p.	pāgina
part.	participium
pass.	passīvum
perf.	perfectum
pers.	persōna
plūr., pl.	plūrālis
plūsqu.	plūsquamperfectum
pos.	positīvus
praes.	praesēns
prōn.	prōnōmen
sing., sg.	singulāris
subst.	substantīvum
sup.	superlātīvus
voc.	vocātīvus
[1, 2, 3, 4]	coniugātiō I, II, III, IV
1, 2, 3	persōna I, II, III
–	thema praesentis
~	thema perfectī
≈	thema supīnī
|	fīnis thematis
/	sīve
<	factum ex
*	scrīptum nōn reperītur